JN075766

あきらめていた人ほど
うまくいく

香りの力で潜在意識を浄化する

齊藤帆乃花
saito honoka

フォレスト出版

はじめに

あなたの現実は潜在意識がつくっている

この本を手にとっていただき、心から感謝いたします。

もし、特に探していたわけではなく、なぜかこの本と出会ったとしたら、それはあなたの「潜在意識」によるものです。

潜在意識という言葉は、きっとどこかで聞いたことがあると思います。

しかし、その潜在意識があなたの人生をつくっている、ということはご存知でしょうか。

人生が幸せかどうか、実は潜在意識が鍵を握っているのです。

その潜在意識にダイレクトにアプローチできるのが、本書のテーマとなる「香り」です。

なぜそういえるのでしょうか。

それは、今から約20年前のこと。私は衝撃の香りと出会い、人生がまったく変わってしまったからです。

そしてその香りとの出会いは、私の生涯の師である南米シャーマン（薬草治療士）との出会いでもありました。

以来15年以上にわたり、私は延べ1万人以上の方に、植物の香りである精油（エッセンシャルオイル）を使ったリーディングセッションやアロマトリートメントを提供し、アロマセルフケアを伝えてきました。

師であるシャーマンに学んだ人間の可能性、そしてたくさんの方々の心と身体、そして潜在意識にかかわってきた日々の中で生まれたオリジナルのメソッド、それらを本書で紹介していきます。

読み進んでいくと、香りと潜在意識の関係をご理解いただけると思います。

あなたは今、今後の人生が今よりも幸せになる鍵を見つけたも同然なのです。

こうした潜在意識による出会いは、必ずあなたに必要な情報や気づきを与えてくれるでしょう。

今、この時代は、潜在意識が具現化するスピードが、確実に早くなっていると感じています。

潜在意識が即、現実になるのです。

しかし時代がどう変わっても、私たち人間にとって何が幸せなのか、その本質は変わりません。

きっとこの本は、これからもずっと、いついかなる時も、あなたを幸せに導くガイドになるでしょう。

私の言葉を通して、シャーマンが教えてくれた、幸せに生きる智恵をぜひ受けとってください。

齊藤帆乃花

第1章　潜在意識を呼びさますと人生はすべてうまくいく

「さきわいメソッド」で潜在意識をクリアにする

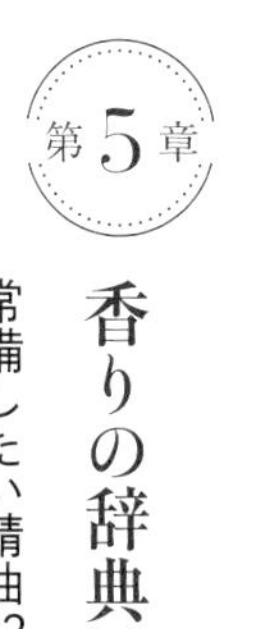

第5章 香りの辞典

「ベーシックの精油」に加えたいおすすめの精油14

終章

香りで潜在意識がクリアになり人生が変わった

第1章

潜在意識を呼びさますと人生はすべてうまくいく

思い込みや固定概念は潜在意識に入り込んでいる

顕在意識と潜在意識。意識にはこのようなレベルがあります。
顕在意識は計算や言語など、日常生活で使われる意識。
潜在意識は眠っている時やボーッとしている時の、普段は認知されにくい意識です。

生まれたばかりの赤ちゃんには顕在意識がありません。本能のままに泣いたり笑ったり、潜在意識だけで生きています。ところが、成長し社会生活をしていくうちに、だんだん顕在意識が現れ、やがて顕在意識で考えている自分を自分だと思うようになります。
○○という名前の自分、女の子である自分、両親やきょうだいのいる自分、●●に所属している自分、▲▲が好きな自分……。
そうやって自分というものが社会的につくられていくと、潜在意識はどんどん息を潜めていきます。

さらに、成育段階でさまざまな刷り込みが行なわれます。

たとえば、大人から何度も「お前は頭が悪い」といわれ続けたら、「自分は頭が悪いんだ」と思い込みます。

「女性は男性をたてなければいけない」と何人もの大人にいわれたら、女に生まれて不幸だ、男性のほうが得で女性は不利だ、などの思い込みが生まれます。

思い込みや固定概念はこうして潜在意識下に入っていきます。

そして、潜在意識でプログラム化され、「こういうことがあったらこういうふうにとらえる」という反射神経のようになるのです。やがてそれが、思考パターンになっていきます。

すると、何もいわれていないのに「私はバカだと思われている」と思い込んでしまう。「男の人はえらそうだ」と反応してしまう。そんな思いグセがいつの間にか自分のなかでつくられてしまうのです。

しかも、潜在意識は目に見えないので、自分の思考パターン、思いグセはなかなか自分では気づきません。一度思い込んだらなかなかそこから離れられないのです。

もちろん、思考パターンがつくられることで、社会生活が楽になる部分もあります。たとえば「人に会ったら挨拶をする」「人には親切にするものだ」など、無意識に行動していたりします。潜在意識には、そういったいい面もあります。

ただ厄介なのは、自分を幸せにしないものの見方が、潜在意識のなかで自分のわからないうちに働いてしまうことなのです。

身体は潜在意識の結果である

「潜在意識を変えると人生はうまくいく」

もしかしたらあなたも、スピリチュアルや自己啓発の本で、こういった言葉を目にしたことがあるのではないでしょうか。

人生の幸せや成功は、潜在意識が鍵を握っている――こうした考え方はすっかり浸透してきました。

ところが、私が運営している「アロマビジョン」のサロンにいらっしゃるお客様は、こうおっしゃるのです。

「潜在意識が現実をつくっているということはわかりました。でも、どうしたら潜在意識を変えられるのですか?」

「潜在意識の本を読んでいろいろやってみたけど、現実が全然変わらないんです」

確かにその通りです。

潜在意識は、私たちが知覚することのできないもの。アプローチするといっても雲をつかむような話です。

そこで私が答えるのはこの一言。

「身体を変えましょう」

身体のあらゆる機能は、動かしているという意識がないまま勝手に動いています。

たとえば臓器。心臓は、私たちが動かそうと意識して動かしているわけではありません。

心臓だけではなく胃や腸も同じ。消化も解毒も循環も、無意識に、自動的に行なわれます。

ただ、呼吸器官は少し違います。

呼吸は私たちが自然にしている身体の生理現象ですが、自分の意思で吸ったり吐いたりすることができます。そして肺は、こういった意識的な呼吸に関係なく、常に酸素の受け渡しを自動的に行なっています。

呼吸器官は、潜在意識と顕在意識が交差するところだといえます。だから呼吸法は、さまざまなメソッドで使われているのです。

このように、呼吸器官をのぞき、**私たちの内臓はすべて潜在意識で動いている、といっても過言ではありません。**

そのことをもう少し詳しく説明しましょう。

内臓を動かしているのは、自律神経です。自律神経には交感神経と副交感神経がありますが、どちらも自分の意思ではコントロールできない神経です。この自律神経が、内臓や全身の血管などを支配しています。

ということは、私たちの身体の状態が良好であるかどうかは、自律神経を含めた潜在意識の結果であるといえます。

逆にいえば、自分の潜在意識を知りたければ、身体を見ればわかる、ということなのです。

潜在意識をクリアにすると本来の自分に目覚める

潜在意識と本能は、ほぼイコールです。

本能というと一般的に、ワイルドで粗野な感じをイメージする人もいるかもしれませんし、食欲、性欲、睡眠欲という人間の三大欲求を指すことも多いでしょう。

しかし、私にとっての本能とは、自律神経と免疫、ホルモン分泌といった、生きるために絶対必要な働きを司（つかさど）っている「旧脳」の部分です。

この本能が正常に働いているかどうかは、「いかに自分自身が自然であるか」ということに尽きます。

「自然」というとまた定義が難しくなるのですが、つまり、ありのままであること、作為的ではないこと、自分以外の別の何者かになろうとしていないこと、そんな状態です。

そして本能とは、あなた自身がもともと持っている「生きる力」ともいえます。

生きる力は本来力強いものですが、生育環境や起こる出来事によって、さまざまな感情や思考が本能にかぶさってきます。そして、生きる力が弱まってしまうのです。

もし、「本来の生きる力」を取り戻したら、心や身体の異変がよくわかるようになります。

たとえば、不安や恐怖があると、選択がどんどんずれていきます。「自分には価値がない」という意識があると、「がんばらなければいけない」と思い込み、自分を追い込んで、心身のバランスを崩して苦しくなることはよくあります。

しかし、そこで視覚以外の感覚を開き、「感じる」ということを日常の基本にしていくと、だんだん「旧脳」が本来の自分を思い出させるのです。

そして、すっかり当たり前になってしまった、ずれた思考や行動に、ある時「これが自分を不幸にするパターンだ」と気づきます。

本来の自分を思い出すと、自分を生かす思考や行動に切り替えやすくなります。

まさに、本能が目覚めていくのです。

自分の認識のフィルターは、生きている間、完全になくなることはありません。

しかし、あることをすると、認識のフィルターが形成し直されます。

それが「アロマセルフケア」です。

「セルフケア」とは、文字通り自分で自分をケアするということ。そして「アロマ」は、植物のエッセンスを取り出した精油のことです。この本では、私のオリジナルメソッドである「アロマセルフケア」を紹介していきます。実践することで、本能を呼び覚まし、心と身体を自然な状態に近づけることができるのです。

こうした精油を使うことで、私たちは自分自身を「生きる」方向に向かわせることができます。というのも、植物には「人間を生かすエネルギー」をもっているからです。

植物の使命とは生きることであり、人間を生かすエネルギーを持っています。それは、植物が酸素を出し、私たち人間がその酸素によって生きていることを考えれば明らかです。

本来の「自然」な生き方とは、「ありのままの今を感謝し、受け入れ、楽しむ」こと。あえて現代文明を否定し、自然の中に入り、昔のような生活をすることだけが自然ではありません。なぜなら、山の中に移住しても、現代文明の恩恵は必ずどこかで受け取っているからです。物事の一側面だけをみて何かを否定すること自体、自然ではないのです。

すべてのものは、理由があってこの世に存在しています。

「私はそれを選ばないだけ」。好みの問題です。どのような環境においても、いかに楽しめるか、自分らしくいられるか、ということに尽きるのです。

自分の本質がわかってくれば、ナチュラル志向でなくても、自然に生きることができると気づくでしょう。

潜在意識にあるのは今生の情報だけではない

今、私たちにとって大切なのは、本能が目覚めることなのではないかと思います。

なぜなら私たちは、世の中の常識や考え方にとらわれ、過去の思い込みや固定概念に縛られ、自分本来の感覚や感性を抑圧し、眠らせているからです。

「私はこういう性格だから何をやってもうまくいかない」

「誰かとつき合ってもいつも捨てられる」

「私は頭が悪いから稼げない」

そんな思い込みを潜在意識下に溜め込んでしまっているのです。


その思い込みがつくられるのには、必ず原因があります。しかし、いつ、どこで、どのようにつくられたのか、探ってもほとんどわかりません。たとえわかったところで、その思考パターンは変わりません。

今を変えるには、身体から潜在意識にアプローチするのが最適です。


私たちは、数十年前にこの世に生まれて、今まで生きてきました。

けれども、ある時テレビを見て、外国の古い街並みに郷愁を覚えたり、知るはずのない遠い昔の出来事を「知っている」という感覚になったりします。

私たちの身体は数十年しか生きられませんが、魂は、人によって回数は違えど、何度もこの世に転生し、さまざまな人生を生きてきたのです。

以前、私は臨死体験のような経験をしたことがあります。そのとき、魂の輪廻（りんね）は確かにあると感じました。そして、今の人生に影響していることは否定できないと思ったのです。

つまり、潜在意識にあるものは、今回の人生でつくられたトラウマや心の傷だけでなく、遡ることが不可能な過去世レベルの記憶もあるのだと思います。

とはいえ、その原因探しや自分探しに時間をかける必要はありません。そんなことより、今実際に目に見えている潜在意識の結果である身体を変えるほうがずっと早いのです。

本来の自分でいれば選択を誤らない

潜在意識がクリアになると、本来の自分に戻っていきます。

するとどういうことが起こるかというと、人生の本流に乗ることができるのです。

本流に乗ると、自動的に道が開かれます。自力というよりは他力。見えないお助けがあ

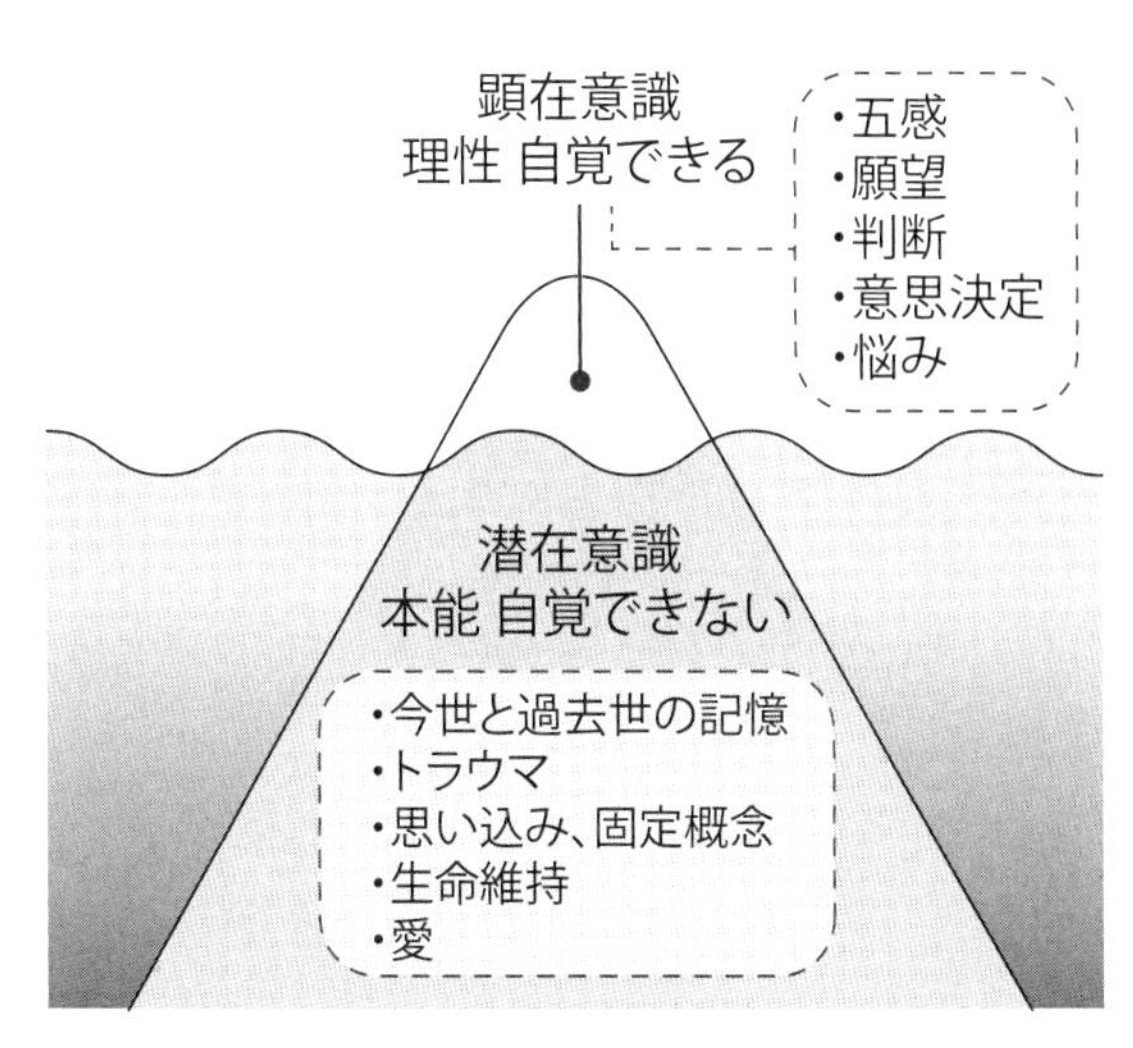

潜在意識の中にあるのは今回の人生のことだけとは限らない

るのです。何かにつけてタイミングが合い、必要なものが自然にやってくるのです。

本来の自分でいるということは、「自然である」ということだと思います。

私は、精油の香りからインスピレーションを受けてメッセージをお伝えする、サイキック・アロマリーディングというオリジナルのセッションをしています。

そこでは、しばしばこんなご相談を受けます。

「私の使命（ミッション）は何ですか」
「私の人生のビジョンを知りたい」

確かに、必ず人それぞれに持っている使命、そしてビジョンがあります。

しかし、すべての人に共通する使命があります。

それは「楽しく生きる」ということです。

楽しく生きること、そのために私たちは生まれてきているのです。

本来の自分でいられないと、人生は本流からずれていきます。そのため少し難しい人生になりがちです。


もし本来の自分、自然な自分で生きていれば、必ず生かされます。なぜなら、先ほどお伝えした「他力」が発動するからです。ですから常に生きやすくなるはずなのです。

本来の自分は自分自身のことをよくわかっていますから、間違った選択もしなくなります。そして、周りの意見や「こうあるべき」といった世間体や常識など、「外側の何か」に反応して人生を決めたり、選択したりすることもなくなります。

特に日本人は、世間体を気にして就職先や結婚相手を選んだり、自分の思いを抑えて親が喜ぶ行動をしたりするなど、自分以外の何かの理由で人生を決めていることが多いのではないでしょうか。

それは突き詰めると、損得に基づいた選択や決定ですが、結果的に得な人生にはなりません。

思考ではなく本能的直感で決めることのほうが、ほとんどの場合うまくいきます。

たとえば、「会社を辞めて起業したい」というお客様もいます。たいてい周りから「今は不景気だから失敗するよ」などといわれます。会社から逃げたい、誰かを見返したい、そういう動機であれば、「やっぱりそうだよね」とあきらめるでしょう。

けれども、何度否定しても、「誰が何といおうとやはり自分はこの道に行きたい」と心の奥から情熱が湧いてくるなら、それが本来の自分の声です。

そして次の段階では、その声の通りに行動するかどうかが重要になります。

潜在意識をクリアにすると、その声が聞こえるようになります。

実際、行動に移すことは多くの人にとって難しいものです。もちろん、行動に移さず、その声にフタをしてそのまま過ごしていくこともできます。

しかし、もし人生を変えたいと思うなら、行動したほうがいいのです。その鍵も、実は身体が握っています。

心と身体が連動していれば小さな思いつきを行動に移せる

自分のお店を出したい。

好きな趣味のスクールに通いたい。

旅行したい。

だけどお金がない。


このように、お金がないことを理由に、自分のやりたいことをあきらめてしまう人は少なくありません。

確かにお金がなければ何もできません。

ただ私の視点では、身体を変えれば無理なことではありません。

なぜなら、「自然な状態の自分」であれば、脳と身体が連動し、思ったことをそのまま行動できるようになるからです。

自然な状態であれば、その思考と行動のタイムラグがどんどん短くなるはずです。

行動といっても、大げさに、大それたことをする、ということではありません。**ほんのちょっと、小さな思いつきを行動に移すだけです。**

しかし、**その積み重ねが現実を大きく変える**ことになるのです。

たとえば、ちょっと気になるお店に入ってみた、どうしようかと迷っていたセミナーに行ってみた、本屋さんに行って興味のある本を買ってみた。そんな些細（ささい）なことでも、直感のままに行動していると、ラッキーなことが数珠つなぎに起こり、思いも寄らない出会いや想像以上の結果が得られることもあります。

私がこの本を出版することになったのも、そのような直感的行動の結果であり、思いも寄らない出会いと巡り合わせによるものです。

身体を変えるには まず嗅覚から

五感の中でも、嗅覚だけが本能にダイレクトに信号が届くという特徴があります。**本能を開かせるには、嗅覚を鍛えるのがもっとも早い**のです。

なぜかというと、さきほどお伝えしたように、「古い脳」といわれる**「旧脳」の部分に直接アクセスできるのは嗅覚だけだから**です。そしてそこには、自律神経やホルモンバランス、免疫系といった、私たちの身体を動かす総司令部のような、もっとも重要なシステムがあります。

脳をざっくり分けると、大脳新皮質と大脳辺縁系があります。

大脳新皮質は脳の一番外側にあります。私はこれをわかりやすく「新脳」と呼んでいます。ここは、ものを知覚したり、計算や言語、論理などを司る、知性にかかわる「考える」脳です。

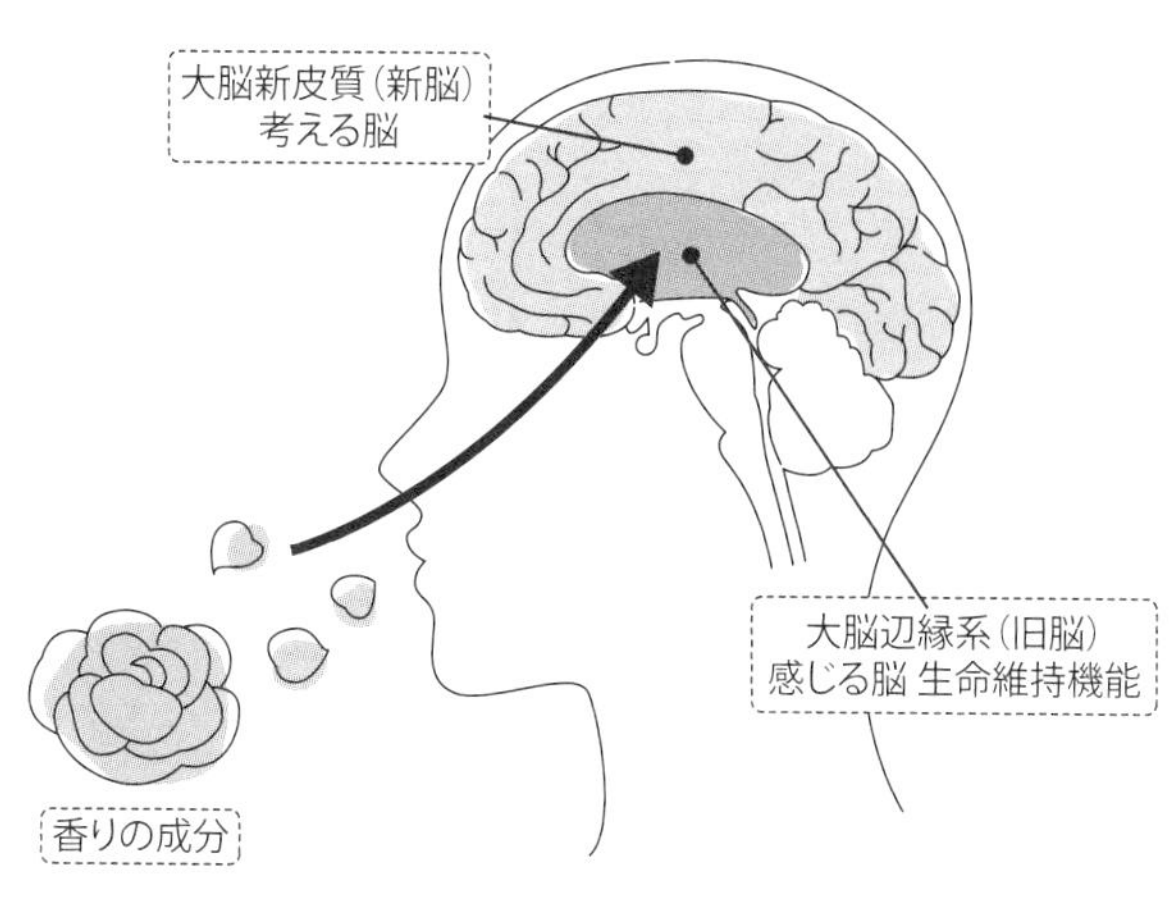

香りは直接旧脳に届く

大脳辺縁系は大脳の奥深くにあります。ここは古い脳である「旧脳」と呼ばれています。感情や情緒、感覚や記憶など、まさに「感じる」脳です。そして自律神経やホルモンバランス（内分泌系）、免疫系のシステムはこの旧脳の部分にあり、私たちの生命維持にかかわっています。

感覚のほとんどは新脳に関連していますが、五感の中でも嗅覚だけが大脳辺縁系に関連しています。つまり、嗅覚からの信号だけがダイレクトに旧能に届き、他の四感の信号は大脳新皮質を経由して初めて旧能に届くということです。

このことから、いかに嗅覚が特別であり、身体だけではなく心の状態をも調整できる鍵であるかがわかります。

多くの現代人の嗅覚は退化しつつある

ところが、私がサロンでアロマのメニューをお客様に提供して感じるのは、**「ほとんどの方が鼻を使っていない」**ということです。

私たち現代人は五感の中で、視覚を80%以上使っているといわれていますが、一方で、もっとも退化しているのが嗅覚なのです。

実際、日常生活の中で、意識的に鼻を使って嗅ぐということをほとんどしていないのではないでしょうか。

ですから、私たち現代人の嗅覚は、本来の機能をはたしていません。

特に最近の傾向としては、食に関しても感動が薄い人が多いようです。それも鼻が使われていないことが原因だと思います。

味覚のほとんどは嗅覚といっていいほどです。たとえば鼻をつまんで食べてみてください。きっとほとんど味がわからなくなるでしょう。本当のところ、私たちは日々の食事で、真に「味わう」ことをしていないのではないかと思います。

しかし、嗅覚は鍛えることができます。

そのいちばんいい方法が、自然の香りを嗅ぐことです。

たとえばキッチンにあるフルーツや野菜の香り、お部屋に飾ったお花の香り、新築の家の木の香り。そうしたものも、良い香りの教材です。あるいは実際に自然のなかへ出掛けていき、森林で樹木の香りを胸いっぱいに吸い込んだり、海を目の前にして潮の香りに包まれたりするのもいいでしょう。

そして、いちばん取り掛かりやすいのは、食べ物関係のお店です。

嗅覚を鍛えるトレーニング

レストランやカフェなどの店の前で、匂いを嗅いでみます。いい匂いがしたら、実際に食べておいしいかどうか確かめることができます。

匂いを嗅いだ時に、どんな感覚になるか、どんなインスピレーションが湧いてくるか、自分自身の反応を意識すると、成功率が高まっていきます。

さらに上級者になっていくと、洋服屋さんや雑貨屋さんなど、香りとは関係ないお店で試してみます。目は開いていてもかまいませんから、意識は嗅覚に集中してみてください。すると、目では認識できない何かをとらえる可能性が高まります。

こうして、嗅覚を通じて、本能が徐々に開花していきます。こうした嗅覚のトレーニングを習慣にしていくとよいでしょう。

嗅覚を鍛えて「鼻が利く」人間になろう!

日本語の慣用句には、「鼻が利く」という言葉があります。これは、勘が鋭い、物事の良し悪しを嗅ぎ分けられる、という意味です。

昔の人は感覚的に、「嗅覚に識別能力がある」と気づいていたのだと思います。

たとえば人と会った時、旅行先で初めての土地を訪れる時、良し悪しや当たり外れが本能的に察知できます。

実は、ラッキー、アンラッキー、ついてる、ついてないといった、いわゆる「運」だと思われていることは、鼻がいいかどうかで決まってきます。

さらには恋愛や結婚にも嗅覚は大きく関係します。なぜなら、相手との相性は匂いでわかるからです。見た目や条件が魅力的でも、匂いが合わなければ、相手から好きになってもらえず、片思いをくり返すことになりかねません。たまたまつき合えたとしても、選んだ相手とずっとうまくいくとはいえないのです。

しかし、鼻が利くようになれば、恋愛だけでなく人間関係すべてにおいて、うまくいくようになります。

そして、「鼻が利く」というからには、いきなりその状態になるわけではないことを示唆しています。つまり、失敗や体験を重ねながら鼻を鍛えていくのです。

そこで、嗅覚を磨くトレーニングを積み重ねることが役立ちます。

さらに、**いつでもどこでも、誰もができる最高のトレーニングがあります。**それが、芳香療法であるアロマセラピーです。アロマセラピーは、合成ではない、**本物の植物から抽出した精油を香る療法**です。

私がこれまで発信したり活動したりしてきたことは、一般的なアロマセラピーの概念にないことなので、アロマセラピーとはあえていっていないのですが、ここではわかりやすいため、便宜上使わせていただきます。

第2章

香りの波動が潜在意識を変えていく

香りは見えない領域につないでくれる

人はいにしえより、儀礼や浄化に植物の香りを使ってきました。

たとえばキリスト教では、聖書にこんなシーンが記されています。キリストが誕生した時、東方の三賢人が訪ねてきました。そして嬰児（えいじ）のキリストに、黄金と乳香、没薬（もつやく）を捧げたのです。乳香とはオリバナム、別名フランキンセンス。そして没薬はミルラのこと。どちらもアロマセラピーでは有名な香りで、植物の樹脂から採れます。

仏教でも、寺院のお堂の前では線香を捧げます。参拝者はその煙を自分の身体にかけて、浄化や魔除けを行ないます。

お寺の中ではお香を焚き、空間を清浄に保ちます。そして、儀式や読経の際には、僧侶は浄化と魔除けのために塗香（ずこう）を身体に塗ります。

私たちが、お墓や仏壇にお線香を上げるのは、香りの煙をご先祖様に届けるためです。あの世の住人にとって香りは食べ物。そして線香の香りは何よりも供養になるのです。こうした香りも、樹木からつくられます。

植物の葉や茎、根、花が気化した香りは、周波数が高く、かつ微細です。それゆえ、見えない領域とつながりやすいと考えられていました。

そういうことから、香りは古今東西で大切にされてきたのです。

今では聖域や宗教儀礼の場に限らず、そして身分に関係なく、こういった植物の香りを日常的に使えるようになりました。その意味で現代は、とても恵まれた時代ではないでしょうか。

たとえばポプリやリキッドタイプのルームフレグランス、線香タイプのインセンス、そしてアロマセラピーに使われる精油（エッセンシャルオイル）。今や香りのアイテムは手軽に手に入るのです。

精油は古代、中世の錬金術から生まれた

日本にアロマセラピーが入ってきたのは、80年代から90年代。おもにイギリスとフランスの影響を受けたもので、美容やリラクゼーションが目的です。

アロマセラピーは、植物から採取された精油を使って行ないます。

精油は、植物から抽出される芳香性の揮発性物質。そして、多くの精油が水蒸気蒸留法でつくられます。

水蒸気蒸留法とは、まず原料となる植物を蒸留釜に入れ、そこに蒸気を送り込みます。すると、植物の精油成分が気化し、水蒸気と一緒に上昇します。この精油成分と水蒸気が混じり合ったものを冷却層で冷ますと液体に戻ります。この時、油分と水分は混ざり合わないため、精油と水は二層に分かれます。この液体を分離させると、純粋な精油が生まれるのです。

簡単にいえば、加熱して一度気化させ、それらを集めて冷ますと、純粋なものだけが液

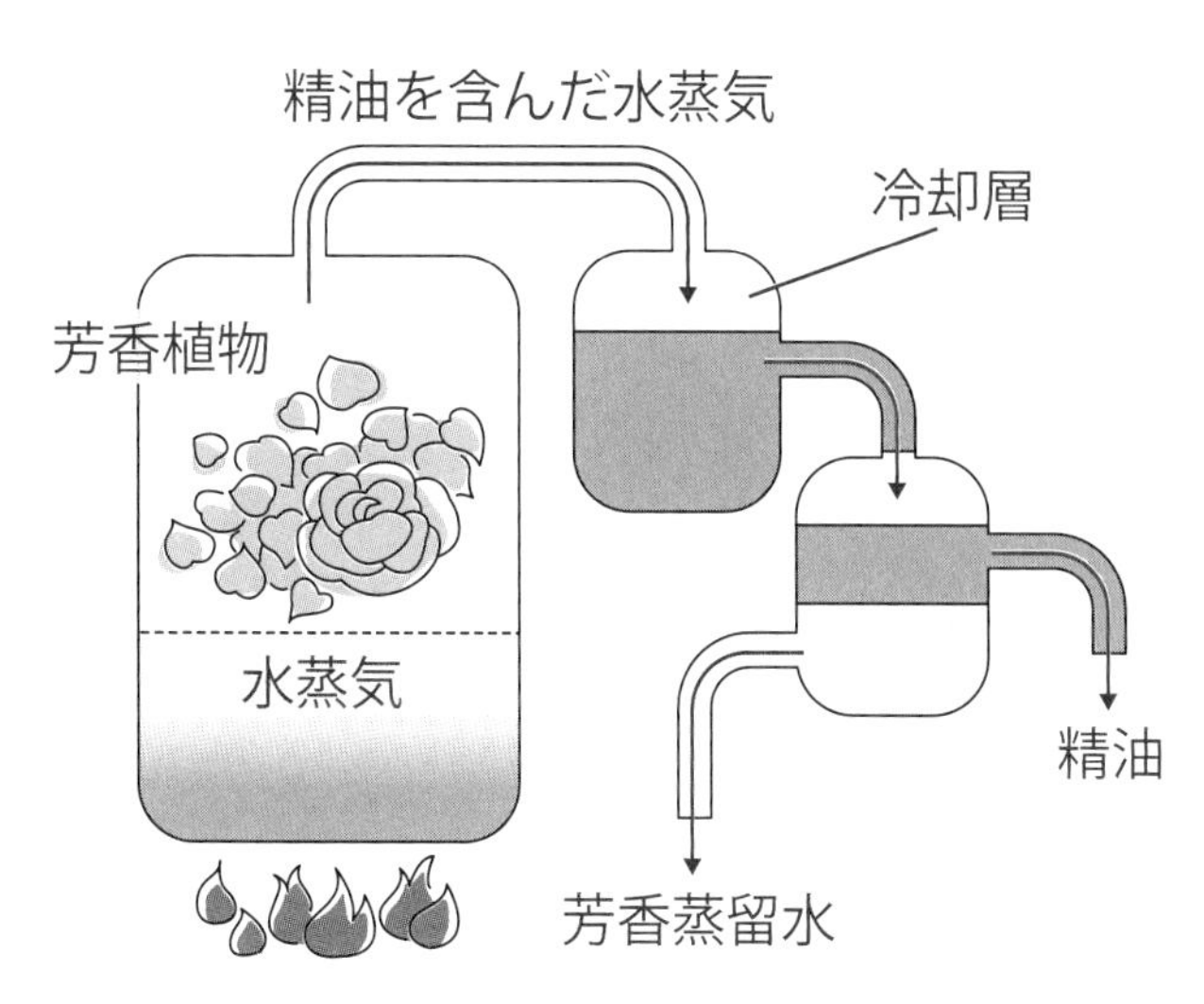

精油を取り出す現在の水蒸気蒸留法

体になるわけです。まさに植物のエッセンスの凝縮です。

この蒸留の技術は、中世イスラムの錬金術から生まれたとされています。

錬金術は、古代ギリシャのヘレニズム文化で花開き、紀元前の古代エジプトからアラビア世界へと伝わりました。

錬金術を簡単にいうと、卑金属から貴金属をつくり出そうとして生まれた技術です。たとえば鉛から金をつくろうとしたのです。

古代、中世の人にとって、純粋なものだけを取り出すことができる錬金術は、まさに魔法であり、奇跡だったのでしょう。

現実には鉛から金をつくり出すことはで

きませんでしたが、錬金術師の取り組みは、化学の発展に寄与しました。

精油を取り出す水蒸気蒸留法も、こうした錬金術から生まれたと考えられています。

香りで世界を旅する植物のネットワーク

精油の香りは私たちをある種の「脳内トリップ」に誘います。

といってもドラッグのようなトランス状態ではありません。


現在、精油は世界中で生産されています。そして、その土地で育った植物は、気候や土壌の影響を強く受けます。

特にその土地に自生している植物の精油を香ると、どんなに離れていても、その植物が生まれ育った土地に、文字通り、一瞬で旅することができます。

たとえば、エジプトで育った植物の精油を香ると、現地に行かなくても、無意識にエジプトのエネルギーにつながることができます。身体は日本に置いたまま、エジプトの太陽や大地、風のエネルギーとつながり、潜在意識で旅行したかのような状態になるのです。

そうして、いろいろな原産地の精油を香っていくと、脳内で普段使っていない神経ネットワークが活性化して、日本にいながらグローバルな視点が生まれます。

つまり、精油の香りによって自然と広い視野がもたらされるのです。


精油の香りで世界を旅することができるというのは私の特殊なとらえ方ですが、精油を日々香っていくと、神経ネットワークが活性化するのは間違いありません。

クライアントさんのなかにも、その植物を見たことがないのに、精油を香ると花の色などを正しくイメージできる方もいます。

香りはまだまだ未知の領域に私たちの可能性を広げてくれるのだと感じています。

植物のスピリット
精油は生きている

精油の良し悪しを決めるのは、香りが心地いいかどうか。

その心地よさを左右するのが、純度の高さです。自然であることはもちろん、濁りのないクリアなものが高品質といえます。

逆に純度の低い精油とは、余計な物が混ざっていること。たとえば生育段階で農薬や化学肥料が使われると、精油にも混入されてしまいます。嗅覚が敏感になると、その違いも感じ取ってしまうのです。

また、精油を扱う人の状態も影響します。たとえば精油を販売する人が、単なる商品として扱うと、なぜか精油の香りは変化し、エネルギーは下がります。

精油は生きているのです。

元ＣＩＡの尋問官でポリグラフ、いわゆる嘘発見機の第一人者クリーヴ・バクスター氏が書いた『植物は気づいている　バクスター氏の不思議な実験』（日本教文社刊）に、興味深い記述があります。１９６０年代後半、彼は部屋の観葉植物に嘘発見機を何気なく取り付け、２年間観察しました。すると、植物が人間や動物の思考と感情に反応することがわかったのです。

植物には感情がないと思われるかもしれませんが、痛みを感じたり、人の感情に反応したりするのです。

私は精油にも植物と同じく、いいえ、むしろそれ以上に繊細な感受性を感じます。特に愛情にはとても敏感です。

精油は、植物から抽出したあとの死んでしまった物質ではありません。

錬金術はもともと鉱物のスピリット（精神）を取り出そうとして発達し、その過程で精油を生み出すメソッドを発見したと聞いたことがあります。

精油はまさに植物のエッセンス（本質）を凝縮させた、生きたスピリットだと感じるのです。

一般的な精油は、大量の芳香植物に、高温の蒸気を当てて、できるだけ多くの精油を短時間で取り出します。

ただ、私が出会った貴重な精油は、必ずしもそういうつくり方をしません。オーガニックや自生、もしくは半自生で育成した植物を、低温で時間をかけて抽出します。生きている植物は高温で熱すれば燃えて命がなくなってしまいますが、それは精油も同じことです。

ですから芳香成分は同じでも、エネルギーレベルではまったく違う精油になります。

ただ、高温の蒸気を当てて揮発成分をたくさん蒸発させればより多くの精油がつくれるので、効率化という面では、それは仕方のないことです。低温の蒸気では時間がかかるうえに大量にはつくれません。だからこそ、低温で抽出した精油には植物の命が存在し、粒子の細かい、素晴らしい香りになるのです。


また、低温で抽出した精油には、「菌」も存在しています。

人間の皮膚の表面には「常在菌」といわれる無数の菌が存在しています。常在菌は、汗や皮脂を栄養にしながら、皮膚の表面に極めて薄い層のバリアをつくり、お肌を悪い菌から守る役割をしているのです。

実は植物にも常在菌のような存在があります。葉の表面には、数千種類ともいわれる微生物が1センチ四方に数十万個も付着し、悪い病原菌の攻撃を防いだり、古くなってはがれた組織を分解したりしているのです。

低温でつくられた質の良い精油は、こうした植物に住み着く菌のような微生物も一緒に内包していると考えられます。

不思議なことに聞こえるかもしれませんが、私が扱っている精油は、周りの環境に繊細に反応します。喜んでいる時は、瓶の外側に精油が勝手に溢れるほど出てきます。逆にエネルギーが鎮まっている時は、瓶の内蓋まで乾いていたり、香りが薄くなったりします。サロンでも、どなたかが精油の瓶を持った瞬間、その人のエネルギーと共鳴し、香りが変化していきます。

つまり、同じ精油でも、それを持った人の愛情や意識によって、香りもエネルギーもまったく違うものになります。ですから、やはり栽培から製造、販売過程において、精油にかかわる人間サイドの意識がもっとも大切なのだと思います。

私たち人間が子どもを育てる時に愛情をかけるのと同じように、精油を扱う時にも愛情にまさるものはないということです。

シャーマンは植物とコミュニケーションを取っている

精油は今後、貴重なものになっていくかもしれません。地球の気候変動が進むと、今まで繁茂(はんも)していた植物がこの世界から激減し、消滅する可能性があるからです。

しかし、植物は地球にもっともつながっている生命体ですから、私たち人間が伐採し尽くさないかぎり、変化する地球環境に順応しながら進化し、生き続けていくでしょう。

「地球にとって最後に発生した人間は赤ちゃんのようなもの。植物は人間からすると大先輩なのだ。だからこそ人間は謙虚になり、植物から生きる智恵を教わることができる」と私に教えてくれたのは、薬草治療士であるシャーマンでした。

彼らは地球上で太古の時代から、植物とコミュニケーションを取ってきました。植物とともに生きることで、アカデミズムではわからない植物の生態を理解しているのです。

そしてシャーマンは、植物が地球と宇宙、どちらにもつながって生きていると教えてくれました。たとえば、金星と地球の角度によって、どの時期にどの植物がもっともその金星のエネルギーを受けているのかを知っていたのです。

また、どんな鳥がどの実を食べるかもよく理解していました。たとえば、群れを成す鳥たちのうち、リーダーしか食べない植物の実があるそうです。群れを統率して先導する役割の鳥が食べる植物の実は、同じように人間でもリーダー的役割にある人が食べるということでした。

このように、本物のシャーマンたちは植物や鳥、動物、星、太陽など、目に見えて存在するあらゆる自然を常に観察、観測して、地球とともに生きています。

それは現実をありのまま、ニュートラルにとらえる五感なくしてはあり得ないことなのです。

嗅覚、視覚、聴覚、味覚、触覚のすべてを使って、地球とともに今を生きている彼らは、私からすると同じ人間とは思えない超人というか、天才です。

私は幸運なことに、その尊敬すべきシャーマンと出会うことができました。そして、精油を通して「生きる本質」を教わったのだと思います。

植物のエネルギーは愛と慈悲である

植物は根っこを持ち、土壌や水、そしてさまざまなミネラルなどを糧に成長します。それだけでなく、地球が持つ熱や風、そして波動といった見えないエネルギーも葉や花から吸収しています。そして植物は、動物にはできない光合成をしています。光合成は太陽の光を浴びて、空気中の二酸化炭素を有機物に変えます。人も動物も、植物を食べることで、間接的に太陽を取り込んでいることになります。


そして忘れてはならないのが酸素です。

植物が酸素を出してくれているおかげで、私たち人間は生きることができます。

人間は植物なしでは生きられないのですが、最近の研究では、植物は酸素を出さなくても生きられるということがわかったそうです。

実は10年以上も前に、私もシャーマンからそのような話を聞いていました。

つまり植物は、人間（を含めた生物）のために酸素を供給してくれているのです。

人間がいなくても生きられる植物が、人間を生かそうとしているのは、愛と慈悲でしかありません。

植物の存在は、私たちにとって恩恵です。

その植物のスピリットともいえる精油は、私たち現代人に愛と慈悲で生きることを教えてくれる、大切な存在なのです。

たくさんの香り体験が本物を見分ける力になる

それではここから、精油について解説しましょう。

精油を香り別にざっくり分けると、フローラル（花）系、柑橘系、樹木系、ハーブ系、オリエンタル系、スパイス系、樹脂系が挙げられます。

たとえばフローラル系であれば、お馴染みのところではラベンダーやローズ。

柑橘系ならオレンジやグレープフルーツ。

樹木系ならヒノキや杉。

ハーブ系ならバジルやペパーミント。

オリエンタル系はサンダルウッドやパチュリ。

スパイス系はクローブやジンジャー。

樹脂系はフランキンセンスやミルラ。

それぞれに香りや働き方の特徴があり、個性があります。

天然の植物から取り出された、質の良い香りは、分子が細かく、「香りに動きがある」と感じます。動きがあるとは、香りがどんどん変化し、まさに生きていると感じられるのです。

ここが、化学的に合成された香りと違うところです。

香りが天然か化学的な合成かを見分けるには、たくさん香りを嗅ぐこと。経験を重ねれば、かなり判別できるようになります。

化学的に合成された香りは単純なので、微細な変化は感じず単調です。

たとえば化学的な香りづけをされた制汗剤やコロンなどは、「グレープフルーツの香り」と銘打ってあれば、わかりやすい「グレープフルーツ風の香り」だけが鼻腔に入ってきます。

しかし、天然のグレープフルーツの精油には、まだ化学的に特定されていない成分も含まれているので、シトラス（柑橘）特有の香りに加えて、複雑な要素が感じられます。たとえば簡単にいうと、苦みや甘みなどがあります。それらすべてが合わさって、グレープフルーツの香りを構成しているのです。

自然の香りは複雑なトーンで構成されている

精油の香りが変化するのは、その分子が微細で、成分の構成が複雑だからです。

そして、一般的なアロマセラピーの世界では、精油が揮発する速度に応じて、香りが変化します。この香りの変化の段階を、トップノート、ミドルノート、ベースノートと分けています。

トップノートはまず嗅覚に入ってくる香りで、最初の20分ほど持続します。一般的に、柑橘系、樹木系、ハーブ系に多い香りです。

ミドルノートはトップノートに続いて香ります。だいたい4時間程度持続します。ハーブ系、フローラル系、樹木系に見られます。

ベースノートはもっとも揮発速度が遅く、6時間以上経っても香りが持続します。オリエンタル系、樹脂系の多くがこれにあたります。

ざっくり分けるとこのようになりますが、実際の香りは、この3段階に限らず、もっと細かく、とても複雑です。

たとえばペパーミントは爽やかな香りの代名詞ですが、じっくり香ると、非常に細かい香りが含まれているのがわかります。スッキリした香りのあとに、苦みや甘みなど、香りのトーンがいくつも感じられます。単に清涼感というだけではない香りが、何段階にもわたって感じられるのです。

これが、メントールの化学的な香りになると非常にシンプルで、甘みや苦みなど複数のトーンはありません。

実際に香ってみるとわかると思います。自然の香りは、微量な芳香成分がたくさん入っているのです。それを感じ取れるようになれば、嗅覚レベルが上がったということになります。

精油の香りは複雑なトーンがあるので、まるで音楽のような音階を感じます。低音で響く香りもあれば、天に近い高音の香りもあります。何種類かの精油でブレンドした時、全体が調和したオーケストラのようになると、さらに素晴らしい香りになります。

精油選びの決め手は自分自身の嗅覚

このように、香りの奥深さをご紹介していくと、すぐさま精油を手に入れたいと思ったのではないでしょうか。

そこには注意点があります。

アロマセラピーが広まり、精油はごく身近なものになりました。

最近は、お店に行かなくても、ネットでさまざまなメーカーの精油を買うことができます。

しかし、精油の世界は、玉石混交の様相を呈しているのが現状です。「アロマ」という商品名で百円ショップや雑貨屋さんで扱われている安価なものから、アロマ専門店の比較的手に入れやすい価格帯のもの、そして質も価格も高い、大量生産されていない貴重なものまで、さまざまあります。

ですから、一般的にアロマと思われているものでも、精油ではない場合があります。こうした「アロマっぽい香り」と精油は別物であるということだけでも覚えておいていただくといいと思います。

精油の質を見分けるのに、いちばんわかりやすい判断基準は価格です。

精油の精製には大量の植物が必要なうえに、手間やコストもかかります。ましてや100%オーガニックとなると、安いわけがありません。

ただ、高価だから質がいいかというと、そうともいいきれません。

精油にかぎったことではありませんが、宣伝費やパッケージの価格も関係ありますし、大量生産されて在庫を長期間かかえていると劣化します。精油であれば香りも変わってしまいます。

そしてなにより、さきほどお伝えしたように、精油をどのように扱っているかという人間の意識が精油の香りに影響します。

愛情がなく、ただの商品や物として精油をとらえていると、ピュアな精油の香りがしなくなるのです。

結局、最終的な判断は自分の嗅覚に頼ることになります。

第1章でお伝えしたように、嗅覚を磨いておけば、何にたいしても本質をとらえることができるようになります。

視覚にうったえるデザインや説明、ネームバリューに左右されず、最終的にはご自身の鼻で確認するのが望ましいと思います。

一つの香りを深くじっくり香る「精油道」

私がこの本でまず紹介したいのは、「一つの香りを深くじっくり香る」というメソッドです。

一つの香りをじっくり香らないことには、その微細なエネルギーを体験することはできません。そのためにも、**ぜひ質の良い精油を手に入れていただきたいと思います。**

そもそも私たちは、一つの香りをじっくり香る習慣がありません。そんな余裕もない生活をしています。つまり、普段から嗅覚をほとんど使っていないのです。

ですから、一つの香りをじっくり香るだけでも、人生においては画期的な体験になるのではないでしょうか。

そのうえ、それが良質な精油であれば、必ずといっていいほど心や身体に、なにかしらの変化が訪れます。

嗅覚のレベルが上がり、香りのノートや動きがだんだんとらえられるようになります。

香りそのものを味わい、楽しむことができるようになるのです。

平安時代から続く香道は、香木を熱してほのかな香りを聞き、香りの当てっこをするゲームのようなものです。貴族の嗜み(たしなみ)として生まれ、現在も連綿と続いています。昔から高貴な身分の人間が香りを楽しんでいた文化があることは、やはり日本人の感性が優れていたという証拠です。こうした香道ももちろんいいと思いますが、作法が複雑なうえに、良い香木は高価ですし、道具も必要です。

精油であれば一般の人が手に入れやすく、また、お香よりもはるかに香りの分子が細かいため、微細な香りも感じとりやすいと思います。

私が提唱しているのは、いってみれば香道ならぬ「精油道」。嗅覚を鍛えるにはうってつけなのです。

一般的に、アルコールで薄めた精油は、香りがすぐに消えてしまいます。

しかし、分子が細かくなればなるほど、つまり生きている精油の香りであるほど持続性は高まります。ティッシュに精油をしみこませると、紙の細かいシワに微細な香りが入り込み、香りが長続きするのです。香りの種類にもよりますが、一日以上は保つでしょう。クライアントさんからも、アロマビジョンの精油をティッシュに落としてカバンに入れておいたら、一週間以上経っても香りが漂っていたという話をよく聞きます。まさに香りの分子が細かいゆえんです。

これも不思議だと思われるかもしれませんが、**生きている精油はその人にとって必要な香りであれば、精油がみずからその人のなかに入っていきます。**つまり、自然に精油の香りがたってきて、本人は無意識に他の人より香りを吸収します。

これもアロマビジョンに集まる人たちでよく体験するのですが、同じ1滴の精油をティッシュに落として、同じ時間香っても、ティッシュの残り香がまったく無い人もいれば、まだ強く香っている人もいたりします。

鼻から吸う精油の量に個人差はそれほどないはずなので、おそらく植物がみずから鼻（身体）に入っているのだと思います。

植物は人間を生かす愛と慈悲をもっているので、このようなことが起こっても不思議ではないと感じています。

第3章

嗅覚を磨いて
潜在意識を変えていく

自然な植物の香りによって潜在意識は変わっていく

「心のブロックをとりましょう」
「ものの見方を変えましょう」
「発想の転換をしましょう」

自己啓発などの本にはそのように書かれていることが多いと思いますが、それがなかなかできないのは、潜在意識が鍵を握っているからです。

人の潜在意識には、長年生きてきて溜め込んでしまったネガティブ要素のあるゴミのようなものがあります。それは、トラウマや思い込み、固定概念です。

潜在意識は言葉では動かせません。言葉である以上、すでに顕在意識によるものなので、潜在意識には触れられないのです。

その潜在意識の中に固まってしまったものによって、思考や感情がパターン化され、その人の日常や人生が左右されています。

「またやってしまった」

「なんで私はこうなの？」

「変わりたいのに変われない」

そのように、たびたび自己嫌悪に陥り、落ち込んでしまうのです。

サロンにいらっしゃる方々のお話を聞いている限り、本当に多くの方が長年支配されている思考や感情のパターンを変えたいと思っているのがよくわかります。


私のメソッドでは、原因にフォーカスをしません。どんな出来事があり、なぜそうなったのかを考える必要もありません。自分の何を変えるべきかにさえフォーカスしなくていいのです。「自分のここを変えたい」と感じているのは顕在意識です。顕在意識でわかっていることは、実はそれほど問題ではありません。

問題の根っこは知覚できない潜在意識下にあります。そのためには、ひたすら嗅覚を磨いていくこと。とにかく自然の香りを香るのです。こんなシンプルなことで潜在意識は変わり、本来の自分に戻っていけるのです。

仏教のなかには、「念仏を唱えるだけで救われる」という宗派があります。

私がお伝えすることも、まさに「ただ自然な植物の香り（精油）を香ってください」、それだけです。行（ぎょう）をするように精油を香り、潜在意識に働きかけるのです。苦行ではありません。心地よい香りを楽しむ行です。

こうして自然の香りで嗅覚を開き、潜在意識をクリアリングしていかなければ、現実はなかなか変わらないと感じています。

香りの力で自分をパワースポットにする

自然であるということは、今に満足している状態です。満足していると、自然に感謝が湧いてきます。

なにかしら不足している、不満があると感じていては、自然に感謝が起こってくることはありません。

自然な感謝がある時、ともに感動が起こります。それが正道であり、自然な状態です。

そして、その状態にあることが「本能が目覚めている」ということなのです。

「究極の自然」とは、どこにいても、誰といても、どのような状況でも、自分が自分でいられる、自分が楽しくこの瞬間を生きられているということです。

そのような瞬間が増えれば増えるほど、元気で豊かな人生になっていくはずです。

つまり、自分自身がパワースポットのような存在になり得るのです。

わざわざ外側にパワースポットを求めなくても、ただ植物の香りを香ってリラックスするだけで、不安や恐怖が去り、本来もっているエネルギーが内側から湧いてきます。そうした自分がそこにいるだけで、場を明るくしたり、楽しくしたり、人を元気づけたりできるのです。

植物の香りは、そのような幸せな自分と環境をつくっていきます。

そうしてパワースポットを自分自身から広げていくことができるのです。

香りの「好き嫌い」は潜在意識を変えるポイント

嗅覚は本能にダイレクトにつながっているので、潜在意識にアクセスすることができます。そして、嫌いな香りや苦手な香りがあったら、それは潜在意識を変える重要なポイントになります。

私はサロンで、サイキック・アロマリーディングというセッションを提供しています。まず、クライアントさんに複数の精油のボトルを香っていただきます。そして、それらの香りを「好き」「嫌い」「普通」に分けて並べていっていただくのです。その香りの反応や好みから、私はその方の潜在意識の傾向やストーリーを読み取っていきます。つまり、精油を通してクライアントさんの潜在意識やさらに奥深くにあるものにアクセスします。

実際にこのセッションを行なっていると、クライアントさんの多くが、苦手な香り、嫌いな香りを「くさい」と表現します。

しかし、香っていただいている精油はいずれも自然でとてもピュアな、植物の「いい香り」です。

つまり、くさいと感じてしまう自分自身は、不自然な状態にある可能性があるのです。

自然界に存在するありのままの植物の香りにくさいものはありません。別の人にはいい香りであることも多々あります。同じ精油であっても、その人の心や身体の状態によって嗅覚は変わるので、別の日に香ったら違う印象になるということもあります。

この香りに対する好き嫌いは人間関係でも同様に当てはまります。自分自身はそのままであるのに、ある人からは好かれ、ある人からは嫌われる、ということが起こるのは、それぞれの見方やジャッジメントによるものであるといえます。

つまり、潜在意識にある好き嫌いの判断は、現実の認知を歪める原因でもあり、本来はその偏りが自分自身の問題であることに気づきにくいものです。しかし、香りの好き嫌いは一瞬にしてわかりやすいので、潜在意識の状態をその場で知ることができます。

「好き嫌い」は後付けの思い込みでしかない

人生を積み重ねるにつれて、好き嫌いははっきりしてきます。もっといえば、嫌いなものが増えていく、ということかもしれません。

それが個性だと思っている人も多いかもしれませんが、好き嫌いを決定づけているのは潜在意識です。

私たちは人生で数多くの出来事に遭遇し、その度に喜怒哀楽を味わっています。その記憶は感情とともに好き嫌いに分別され、潜在意識の中に仕舞い込まれているのです。そして、大方の出来事は忘れてしまっています。

つまり、好き嫌いは後付けであり、思い込みであることが多いというわけです。

特に人の好き嫌いは、「以前似たような状況があった」「似たような人にこういうことをされた」「こういう場所ではこんなことがあった」という潜在意識にある記憶やトラウマが反応していると考えられるのです。

皆さんも経験があると思いますが、いったん好き嫌いが決まると、自分ではなかなかコントロールできません。つまり、顕在意識ではなかなか変えられないのです。

好きなものが多い人生は豊かである

自分の好き嫌いに従って生きている限り、当面は、心地よく生きられるでしょう。危険な目にはあいにくいかもしれません。

しかし、その好き嫌いを超えないかぎり、人は新たなステージや、世界を切り開いていくことはできません。ずっと同じところに足踏み状態です。

そして、好きなものが多い人生は豊かであると思います。

単純に、好きなものや好きな人が多いほうが毎日は楽しいはずです。

逆に、嫌いなこと、苦手だという意識に謙虚になっていくと、自分の偏りに目を向けられるようになります。むしろ、嫌いなもの、苦手なものにはギフトがあります。「嫌い」

を突破口にして自分を知り、人生を変えていけたら、とても楽になると思うのです。

自分の認知のパターンを知るには、まず好き嫌いをはっきりさせることが重要です。この時、好き嫌いの対象に目を向けるのではなく、好き嫌いを感じている自分自身をはっきりと意識してみてください。

「嫌い」であるという感性自体は自然なことです。しかし、認知の歪みでもあることを知っておいてほしいと思います。つまり「嫌い」の理由を正当化しないことが大切になります。そして、その歪みは修正することもできるのです。

また逆に、「嫌いになることは悪いことだ」という固定観念がある人もいます。嫌うことを恐れて、無理やり好きになろうとするのです。しかし、嫌いなものをがんばって好きになる必要はありません。自分はこれが嫌いだ、この人が嫌だ、ということをそのまま受け入れればいいのです。そうやって嫌いなことを一度はっきりさせて、自分で受け入れることが大切です。

「嫌い」を「好き」に変える最もラクな方法

人に対する「嫌い」という感覚は簡単には変えられませんが、精油の香りを使うと無理なく変えることができます。

なぜなら嗅覚を使うので、好き嫌いを反応する脳の部分にダイレクトに信号が届くからです。

そこに自然な精油の香りが届くと、無理なく感性の幅を広げていくことができます。

たとえるなら、人参が嫌いな子どもには、人参をすりおろしてハンバーグに入れると無理なく食べられるようなものです。

香りも、好きな精油にほんの少しだけ嫌い・苦手な精油を混ぜれば、知らない間に身体が受け入れていき、やがては嫌いな香りも好きになっていきます。

この感性の変化は人間関係にも大いにつながっています。つまり、好きな香りが増えれば好きな人も増えるということです。嫌いだった人が大丈夫になった、実はいい人だった、という気づきの体験談もよく耳にします。

稀に、そうまでして好きになりたくない、という方もみえます。しかしそれは、自分を正当化しているだけの可能性が高いと思います。

また、五感は相互に関連しているので、嗅覚が変われば視覚や聴覚にも変化が現れます。好きとは思えなかった色、音楽なども、さほど苦手ではなくなります。

一つの香りを受容できるようになると、感性の領域が広がり、人間関係の許容範囲も広がっていくクライアントさんを多く見てきました。ですから、これはかなり有効な方法だと思います。

私にも苦手な香りがあります。普段は積極的に手に取ることはありませんが、ふと使ってみた時はとても調子がいいのです。

このことが意味するのは、自分の「好き」にばかり偏るのは心身にも人生にもプラスではないということだと思います。偏りがなく、バランスが整っている時がもっとも自然な状態。香りはそれを的確に示してくれているのです。

好きでも嫌いでもない「普通」が意外な鍵を握っている

私たちの感性には、好き・嫌いに加えて、好きでも嫌いでもない「普通」があります。おそらく大人になるにつれ、好き嫌いより「普通」と思うもののほうが多くなっていることに気づくと思います。

「普通」というより「どちらでもいい」という感覚です。

「普通」というのは意外と盲点の感性です。「嫌い」は感性のアンテナに逐一引っかかりますが、「普通」は視野に入っていないことがほとんど。目の前に存在しているのにスルーすることがほとんどです。

人間関係においても、「普通」と感じる存在の人は、「可もなく不可もなく」。しかし、「普通」と思う人を「好き」になると、周りにいるほとんどの人が「好きな人」になります。そんな人生になったら毎日が格段に豊かになるのではないでしょうか。結果的に仕事でも自然に人脈が増えて、さまざまなチャンスが増えてくるはずです。「普通」が「大好き」になっていけば、とても楽しい人生になるでしょう。このように、嗅覚を磨いていくことで必ず日常の中で変化が起こるはずなのです。

ベルガモットで感性が開かれた体験

以前の私にとって、ベルガモットという精油は可もなく不可もなく、あってもさほど気にしない普通の香りで、私はいつもスルーしていました。

ベルガモットとはイタリア産の柑橘系植物。紅茶のアールグレイの香りづけにも用いられています。好きな人はたまらない、少しビターで爽やかな香りです。

その頃の私は、アロマセラピーの仕事をしていくなかで、ある女性と何かとかかわる必要がありました。その関係性は、最初は特に問題なかったのですが、いろいろかかわっていくうちに、私たちの現実認識がかなり違っていることに気づきました。それがだんだん「私たち合わないな」になり、「あの人のことは好きじゃない」になってしまったのです。

そのただなかで、私は「アロマビジョン・メソッド」を自分で開発し、自らワークとして始めました。

その時、私にとって「嫌い」な精油が何だったか忘れてしまったのですが、それを好きな精油にブレンドしました。そのブレンドオイルを取り入れた次の日、まず身体が元気になっているのがわかりました。なんだか身体が軽いのです。

そして数週間後、「嫌い」な香りが「意外といいかもしれない」になり、そして最終的に、その精油を単独で香っても好ましいと感じるようになっていきました。

そうして初めてベルガモットの存在に気づいたのです。50種類くらいある精油の瓶が並ぶなかで、初めていちばんにベルガモットが目に入ってきたのです。

それからベルガモットの香りを取り入れていくうちに、人間関係にも変化が現れました。嫌いになってしまった女性の話す内容が、理解できるようになったのです。ベルガモットが受け入れられるようになって、その人の視点も受け入れられるようになりました。そして、むしろ自分と違う考え方やとらえ方を知り、驚きと同時に感動がおこったのです。

あとから聞くと、その人のいちばん好きな香りがベルガモットだったことがわかりました。「だから私たちは潜在意識のレベルで違っていたんだ」と大いに納得したわけです。

このように、嫌いな香りを好きになったら、「絶対に仲良くなれない」と思っていた人と無理なく仲良くなれた、といった体験談はクライアントさんからも本当によく聞きます。好きになろうと努力をしたわけでもなく、理解しようとも思っていなかったのに、その人の好きな香りを受け入れられるようになった時、ごく自然に、嫌いな人が好きな人になっていたのです。

嫌いなものを好きになる。言葉でいうのは簡単ですが、本当はとても難しいことです。それが努力ではなく自然に変わっていくことができるのは、感性に直接アプローチする自然な植物の香りだからなのです。

「好き」が増えるアロマビジョン・メソッド

私は15年以上、人の心と身体にかかわってきました。そして、多くの方から、誰にも話せなかった胸のうちを打ち明けられてきました。

おそらく、人の悩みやストレス、トラブルは、ほとんどが人間関係に関するものだと感じています。そして、多くの方が、その悩みの原因が自分の性格か、もしくは相手の性格だと思っているのです。

しかし、その悩みを生み出す原因は、実は感性にあります。

「好き・嫌い」だけでなく「敵・味方」「快・不快」といった反応は、性格ではなく感性によるものです。その感じ方が変われば、自分を取り巻く人や環境に対して、悩みやストレスを生むことがなくなるのです。

私は、その感性をいかに変革すべきかを考えていました。そして生まれたのが、これから紹介するアロマビジョン・メソッドです。

アロマビジョン・メソッドは、ただ香りを香るだけのシンプルなワークです。それだけで、閉じてしまっている嗅覚を開き、潜在意識が変わります。続けていくと、「嫌い」が「好き」になっていきます。これは、自分の中に、「逆の視点が生まれる」ということでもあります。

それだけでなく、最終的に、スルーしていた「普通」のものまで好きになっていきます。

視野が広がり、人生の可能性も増えていきます。
そもそも「嫌い」という感性は固定されたものではなく、潜在意識は流動的で、常に変わっていくものです。そして、自分のことは、わかっているようでいてわかっていません。自分は「こういう性格」と思い込み、現実は変えられないと思っているだけなのです。
ですから、嗅覚を鍛えていくと、潜在意識は意外と早く変わるのです。

それでは、アロマビジョン・メソッドを実践してみましょう。

［用意するもの］
いずれもアロマセラピー専門店で入手できます。
・ガラス製の遮光瓶
・アロマ用の植物油（クセのないスイートアーモンドオイルがおすすめ）
・精油

アロマビジョン・メソッド

❶好きな香り、嫌いな香りの精油を用意します。「感動するくらい好き」と思える精油があったらいいのですが、もしなければ、香って単純に気持ちいい、落ち着く、という精油を1～2種類選んでください。嫌い、もしくは苦手な精油は1種類で大丈夫です。アロマ専門店で実際に試してみるとよいでしょう。

❷1本ないし2本の好きな精油の香りを香ります。気づいた時、香りたくなった時、とにかく飽きるまで香りを吸い込みます。そうやって毎日香っていると、いつか「もうお腹いっぱい」という感覚になります。

❸好きな香りに飽きてきたら、「何か香りを増やしたい」と思うようになります。そこで嫌いな香りの精油の出番です。嫌いな香りを感じさせないくらいの配分で、自分だけのアロマビジョン・メソッド用のブレンドオイルをつくります。ガラス製の遮光瓶にスイートアーモンドなどの植物油を30㎖入れます。そこに、次のような割合で精油を入れます。

・好きな精油が1種類の場合
「好きな精油」3滴に「嫌いな精油」を1滴
・好きな精油が2種類の場合
「好きな精油」合わせて3滴に「嫌いな精油」を1滴
以上を加えて、混ざるように振ってください。

❹まず、鼻から遠いところにブレンドオイルをつけます。手首や足首などから始めればいいでしょう。その香りを受け入れられるようであれば、胸元や首筋などにもつけてみます。こうして徐々に馴染ませていきます。
睡眠時にはティッシュに1滴落として枕元に置いておくと、寝ている間に潜在意識に入ります。

ブレンドオイルの塗布を続けていくと、嫌いな精油だけを香った時の感じ方が変わってきます。身体が無意識に受け入れているからです。そして、いつの間にか「大丈夫」になっていくのです。その時、潜在意識が変わったといえます。
また、嫌いな精油をブレンドしたオイルは、好きな精油だけより深みが出るので、徐々

好きな精油、嫌いな精油を香る

植物油 30㎖に
好きな精油３滴
嫌いな精油１滴

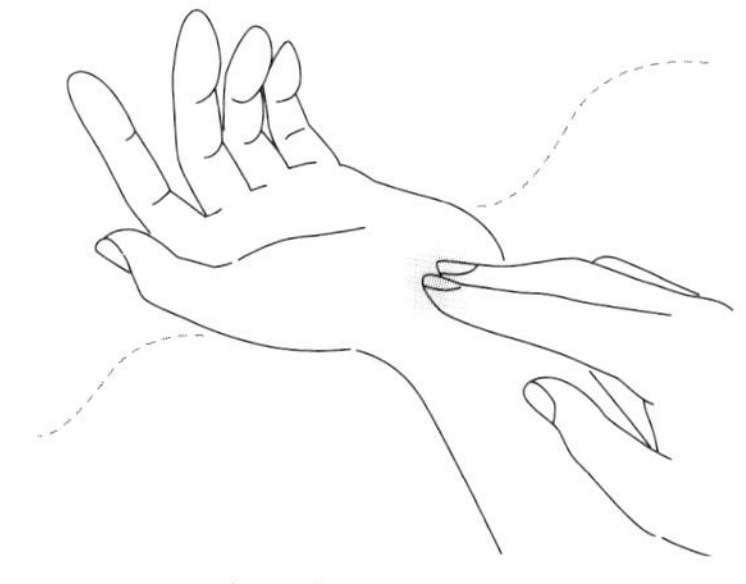

最初は鼻から遠いところに
ブレンドオイルをつける

アロマビジョン・メソッドのやり方

にクセになることが多いです。

五感の相乗効果

嗅覚を磨くには、聴覚や触覚との相乗効果も期待できます。

まず聴覚。**音楽をかけながら香りを香るとよいトレーニングになります。**基本的に自分の好きな音楽で構いませんが、言葉の入っていない音楽は解釈が入らないのでおすすめします。録音された自然音もよいでしょう。水のせせらぎや鳥の声、海の波の音など、自然音が持つゆらぎの周波数が伝わって心が落ち着いてきます。

そして触覚。触覚は、耳で聞く音がバイブレーションで肌に伝わってくる感覚だというと、わかりやすいでしょう。たとえばスマートフォンで流す音楽と、ライブ（生）で聴く音楽とでは、触覚を通して伝わるものが違います。

こうして精油を香りながら聴覚と触覚も同時に刺激すると、お互いの相乗効果がうまれます。

さらに嗅覚を敏感にしていくと、味覚も磨かれていきます。感覚器官の中で、味覚がいちばん嗅覚の影響を受けているからです。

味覚の80％ほどは、嗅覚が支配しています。鼻をつまんでものを食べるとほとんど味がしないように、食べ物というのは、ほぼ匂いで食べているといっても過言ではありません。

つまり、嗅覚が敏感になれば、同時にグルメにならざるを得ないのです。

最後に視覚についてですが、精油を香る時は、視覚を使わないほうがいいでしょう。**目を閉じて精油を香ってください。**そうすると精油の粒子を鼻や肌からより感じられます。

私たち現代人は目を使いすぎています。嗅覚だけでなく、聴覚や触覚を磨く時も、視覚は閉じたほうが効果的です。

第4章

「さきわいメソッド」で潜在意識をクリアにする

アロマで五感を開いたら神様とつながった

この章では、アロマを使って潜在意識を変えていくための、「さきわいメソッド」というオリジナルワークをご紹介します。

その前に、少し不思議なお話をしたいと思います。

私は日本全国の神社を訪れて、神様のメッセージを聞く活動をしています。

私が神社参拝をするに至った経緯については、拙著『神さまと縁むすび！』（ナチュラルスピリット刊）に詳述していますが、ここでも簡単にお伝えしましょう。

２０１２年、私は島根県の出雲大社（いづもおおやしろ）に、友人と参拝に行きました。その時友人がこういったのです。

「帆乃花ちゃんなら神様と話せるんじゃない？」

すでにアロマの仕事を続けて10年以上。もともと子どもの頃から直感力は鋭かったと思うのですが、生きている精油と出会ってから五感が開き、第六感というべき目に見えない領域をとらえる感性が強くなっていったと思います。

その第六感を活かし、オリジナルセッションである「サイキック・アロマリーディング」を開発し、クライアントさんに提供していました。

そういう背景があり、友人はそういったのです。

しかし私は、できるかどうかよりも、神様と話をするのは畏れ多いと感じていました。ところが、鳥居をくぐると懐かしさがこみ上げてくると同時に、「そなたが帰ってくるのを待っていた」というとても優しい声が頭の中で鳴り響いたのです。私は泣きそうになって「ようやく帰ってきました」と、心の中で答えていました。この時、神様とやりとりさせていただいた内容は、私にとって衝撃だったと同時に、宝物のように感じて誰にも話すことはありませんでした。

そして東京に戻ると日常に取り紛れ、いつの間にかその出来事を忘れてしまいました。

その約3年後、今度は別の友人たちと、奈良県の橿原(かしはら)神宮を訪れました。そして友人から、再びこういわれたのです。

「ねえ、神様が何ていっているかチャネリングしてみて！」

つまり、「神様とつながってメッセージをもらって」というのです。私はやんわり断りました。しかし、友人たちは以前サイキック・アロマリーディングを受けてくれていて、「帆乃花ちゃんならできる！」と盛り上がっています。

私は観念して、神様とつながってみようと試みました。

すると、このようなメッセージをもらったのです。

「誉(ほま)れ高くあれば、広く世に出る。誉れを忘れてはならない」

この時から、神様とのつながりを確信し、ご縁を感じた全国の神社をめぐるようになりました。

伊勢神宮での気づきから生まれた「さきわいメソッド」

私は三重県で育ったこともあり、神社のなかでも伊勢神宮は子どもの頃から何度も訪れ、殊の外ご縁があるように感じています。

この伊勢神宮にも、私は神社の神様とつながる旅で友人たちと訪れました。そして、豊受大御神を祀る下宮を訪れた時、大きな気づきがあったのです。

私たちは、外宮の宮域内にある、多賀宮、風宮、土宮、下御井神社、以上四か所を訪れました。

多賀宮を訪れると、稲穂を収穫した稲俵が、バベルの塔のように、天まで届くほど積み上げられたビジョンが見えたのです。私は思いました。

「昔、神様には収穫を感謝し、取れたお米をこうやって献上していたんだな」

次に風宮にお参りしました。そこでは、風によって私たちが祓われているビジョンが見えました。そして気づいたのです。

「祓え給い、清め給え、神ながら守り給い、幸い給え」

略拝詞といわれるこの祝詞は、外宮のお宮と対応しているのではないか。

「祓え給い」……風（風宮）

「清め給え」……水（下御井神社）

「神ながら守り給い」……土（土宮）
「幸い給え」……豊穣（多賀宮）

実りのためには、風、水、土という自然条件が必要です。
と同時に、「さきわう」とは実るという意味ですが、「神様とつながること」でもあるとわかったのです。

風が邪を祓い、水が清めて、土で守り、神様とつながる。

この流れは、まさにアロマセルフケアを考えていく時にも大切になると感じました。

「祓い」。外側についたけがれを祓っておかないと、内側を清めることはできません。
「清め」。自覚を通してさまざまなデトックスが起こってきます。
「守り」。外からの刺激に左右されることなく、確固たる自分が確立されます。
「幸い」。自分が整ってようやく、潜在意識、そして神様につながることができます。

「さきわいメソッド」。

この一連の流れの名称が、突如私の脳に閃きました。

アロマビジョンで提供しているのは、生きている精油を使って、潜在意識という見えない領域にも働きかける、少し特殊なセラピーです。ですから私が行なうサイキック・アロマリーディングや当サロンのセラピストたちが担当するアロマビジョン・トリートメントは、一般的なアロマセラピーのイメージをくつがえす体験ができるものです。そして私たちは、自立した心と身体の実現をコンセプトに、セラピストに頼らないで各自がセルフケアを行なっていく重要性を伝え、そのメソッドを広げる活動をしてきました。

そこで、さらに一人でも多くの方が効果的にセルフケアを行なえないかとアイデアを練っていたところに、伊勢神宮で気づきを得たのです。

こうして、オリジナルセルフケア「さきわいメソッド」が生まれました。

さらにこのタイミングで、納得できる香りの精油メーカーさんと出会うことができたのです。実は良質の精油を3年以上探し続けてきたものの、香りに納得できず、あきらめかけていた矢先でした。サロンで使用している精油はあまりに貴重で、一般の方々に提供できなかったので、この出会いによって「さきわいメソッド」の実現が可能になったのです。

何度も微調整しながら、「はらい」「きよめ」「まもり」「さきわい」の四つのオリジナル・ブレンドオイルも商品化することができました。

「さきわいメソッド」の全体像

「さきわいメソッド」は、植物の香りである精油を使った、心と身体のセルフケアメソッドです。

まず、このメソッドの全体像は、「はらい」「きよめ」「まもり」「さきわい」という祝詞に沿った4つのステップで、各ブレンドオイルを使いながら行ないます。

「はらい」は、現実のネガティブなことが祓われます。空気中のホコリや汚れ、自分が持っていても楽しくない気持ちや感情をとりはらいます。それによって日々の疲れも癒され、スッキリとした状態を持続することができます。

「きよめ」では、心身のデトックスが起こります。現実面では、本人にとって少し厳しい出来事もあるでしょう。これは、余計なものが祓われ、清めのプロセスに入ると、潜在していた課題が顕在化するからです。自分の嫌なところも見えてきて、「もうここでやめたい」という気持ちになることもあります。しかしここで逃げずに向き合うことが大切です。そこを超えないと、意識の奥深くまで清まりません。自分の嫌なところを受け入れ、力が足りていない部分を自覚することが必要なのです。

「まもり」では、自分が本来持っている良さや力、才能が出てきます。自分の特性、自分らしさを生かす段階がやってきます。頭と身体が一致してくるので、ニュートラルに現実をとらえ、行動できるようになります。ここで心身の調整が一段落します。

「さきわい」で、ついに自分の潜在意識、つまり核と深くつながります。

［用意するもの］

次のものは、いずれもアロマセラピー専門店で入手できます。

・ガラス製のスプレー容器（プラスチック製は精油で溶けるものもあります）
・アロマ用の植物油（クセのないスイートアーモンドオイル、ホホバオイルがおすすめ）

・精製水（ドラッグストアでも販売しています）
・ティッシュペーパー（さらにムエット〈試香紙〉があるとより便利です）
・指定の精油
精油をいくつも用意するのが大変な場合は、「はらい」「きよめ」「まもり」「さきわい」のオリジナル・ブレンドオイルをご利用になっても大丈夫です。こちらはネット通販で購入できます。

「さきわいメソッド」の実践

「さきわいメソッド」は、「はらい」「きよめ」「まもり」「さきわい」の四つのステップで構成されています。各ステップを一週間ずつ行なうと、じっくり変化していきます。

まずは「はらい」→「きよめ」→「まもり」→「さきわい」の順番で、各ステップを一週間ずつ実践してください。

最初の一週間は毎日「はらい」を実践し、二週間目に「きよめ」、三週間目に「まもり」

というように進んでいきます。

そして最後の「さきわい」が終わった時に、自分自身の心と身体の変化を観察しましょう。必ず心か身体に何か違いを感じるはずです。

もちろん、このメソッドはこれで終わりにせず、継続していくことをおすすめします。その時は、今日は「はらい」で明日は「まもり」というように、好きなステップをどれでも実践してかまいません。

ただ、メソッドとしては、「はらい」+「きよめ」+「まもり」+「さきわい」というように、全ステップを毎日実践するのがベストです。

無理せず楽しみながら習慣化するとよいでしょう。

〈はらい〉
作用：クレンジング
テーマ：「気」を整える
チャクラ：第6、第7
精油：「はらい」ブレンド（ユーカリとペパーミント）

「はらい」ブレンドのスプレーをつくる

①ガラス製のスプレー容器に30㎖の精製水を入れる。

②①に、ユーカリ2滴とペパーミント2滴を加える（市販の「はらい」ブレンド3～4滴でもよい）。

③混ざるように②をよく振る。

「はらい」のアロマブリージング（呼吸法）

①「はらい」ブレンドのスプレーを、ティッシュに1回プッシュする。

②椅子に浅く座り、背筋を伸ばして、足は肩幅くらいに開く。床に座る場合はあぐらや座禅でよい。

③目を閉じ、腹式呼吸をしていく。まず①のティッシュの香りを、7秒間カウントしながら鼻から吸う。この時、お腹が膨らむように吸うこと。

④ティッシュを鼻から離して膝の上に置き、21秒間、カウントしながらお腹を凹ませるように、ゆっくり口から息を吐く。

⑤吐き切ったら、さらに3秒間カウントしながら完全に息を吐き切る。

①背筋を伸ばし足は肩幅くらい

②目を閉じ、鼻から７秒間香りを
吸い込む

③21 秒間かけて口から息を吐く。
さらに３秒かけて完全に吐き切る

「はらい」のアロマブリージング（呼吸法）

⑥③〜⑤を繰り返し、少なくとも3分以上行なう。

私が推奨するアロマブリージングの目安は3〜4分くらい。好きな曲をかけながら、一曲流れている間に行なう感覚です。

曲の選定は、呼吸がしやすければ何でもかまいませんが、できれば太鼓の音が入ったものがベストです。太鼓のリズムは呼吸向きだからです。あまりアップテンポのものだと息が上がるので、自分の呼吸に合った、ゆったりした曲がいいと思います。

「はらい」は、第6、第7チャクラに働きかけ、全身のエネルギー循環を良くし、霊的な感性や創造性も高めてくれるでしょう。

日常で行なう「はらい」のワーク

［自分の周りの浄化に］

「はらい」ブレンドのスプレーを、自分の周りにかける。邪気は髪に付きやすいので、髪にもスプレーする。

［洗髪に］

シャンプーに「はらい」ブレンドを入れて洗髪するのもよい。目安としてはシャンプー500mℓにユーカリ2滴とペパーミント1滴（または市販の「はらい」ブレンド2〜3滴）を加える。

［就寝時に］

ティッシュにユーカリを1滴（または市販の「はらい」ブレンドを1滴）落とし、枕元に置いたまま寝る。そうすると、眠っている間に香りが潜在意識に入りやすく、脳内の浄化が起こる。

［掃除に］

バケツの水にユーカリを3〜4滴（または市販の「はらい」ブレンドを3〜4滴）落とし、雑巾で拭き掃除する。特に玄関周りを念入りに拭くと、空間の気が変わり、良い気が入ってきやすい。

［消臭やルームフレグランスに］

玄関のシューズキーパーやアロマランプなどにユーカリ（または市販の「はらい」ブレンド）を数滴垂らして香りを漂わせる。「はらい」で掃除をしたあとに、「はらい」ブレンドのスプレーをして部屋などに香らせることにより、良い気が持続する。

［盛り塩に加える］

大さじ1～2杯の天然塩に、「はらい」ブレンドのスプレーをしてから盛り塩をつくる。盛り塩は、玄関ドアの内側2か所に置くと結界となり、玄関から入ってくる邪気を祓うことができる。また、邪気は排水溝からも上がってくるので、盛り塩を処分する際は排水溝に流すことで、排水溝も祓うことができる。

〈きよめ〉

作用：クリアリング
テーマ：自覚する
チャクラ：第3、第4、第5
精油：「きよめ」ブレンド（ラベンダーとベルガモット）

「きよめ」のアロマメディテーション（瞑想）

①ティッシュやムエットにラベンダー1滴とベルガモット1滴を垂らす（市販の「きよめ」

ブレンド2～3滴でもよい）。

②楽な姿勢になり、脱力する。寝転がる場合は、横向きやうつ伏せだと香りが入ってきにくいので、仰向けがよい。

③目を閉じ、用意した①を5分以上香る。時間とともに変化する香りをしっかり体験する。

アロマメディテーションでは、香りに集中できるよう、音楽などはかけず、無音で行ないます。最初は雑念が湧いてきてもかまいません。香りに集中しているうちに何も考えなくなります。いわゆる無、空の状態です。その時、自分自身がクリアリングされます。「きよめ」は第3、第4、第5チャクラに作用します。身体の芯が整い、疲れを感じにくくなります。

「きよめ」の入浴

浴槽に張ったお湯に、ラベンダー2滴とベルガモット2滴（市販の「きよめ」ブレンド3～4滴でもよい）を落として、じっくり温まる。リラックスしながら精油の香りを胸の奥まで吸い込んでいく。

ティッシュやムエットに
「きよめ」ブレンドを2〜3滴垂らす

楽な姿勢で目を閉じ、5分以上香る

「きよめ」のアロマメディテーション

「はらい」のアロマブリージング、「きよめ」のメディテーション、「きよめ」の入浴と、順番に行なっていくことでさらに身体への清めの効果が高まる。

〈まもり〉

作用：グラウンディング
テーマ：自分自身を愛する
チャクラ：第2
精油：「まもり」ブレンド（ゼラニウムとイランイラン）

「まもり」ブレンドのオイルをつくる

①ガラス製のスプレー容器に、スイートアーモンドやホホバなどの植物油を30㎖入れる。
②ゼラニウム2滴とイランイラン2滴を加えてよく混ぜる（市販の「まもり」ブレンド3～4滴でもよい）。

「まもり」のアロマセルフケア

このワークは、「はらい」「きよめ」からの流れで、できるだけお風呂上がりに行ないます。衣服を着る前にケアするのがベストです。

①手のひらに500円玉くらいの「まもり」ブレンドのオイルを取り、そのまま手を合わせて7回以上こする。手をこすると「気」が強くなる。

②胸の前で合掌する。ここで気が全身に巡る。アロマオイルをつけた時と、つけない時の感覚を味わう。

③合掌した手を、胸の間、第4チャクラのところにもっていき、左手を下、右手を上にして、胸に重ねる。

④オイルが浸透するように感じながら、重ねた手で胸を上下になでる。胸をなでおろすことで、身体が安心感に包まれる。

⑤重ねた手を少し上に移動させ、自分に向けて、「ありがとう」「がんばったね」「よくやった!」など、その時の気持ちに合った言葉をかける。言葉は口に出しても、心で思うだけでもどちらでもよい。

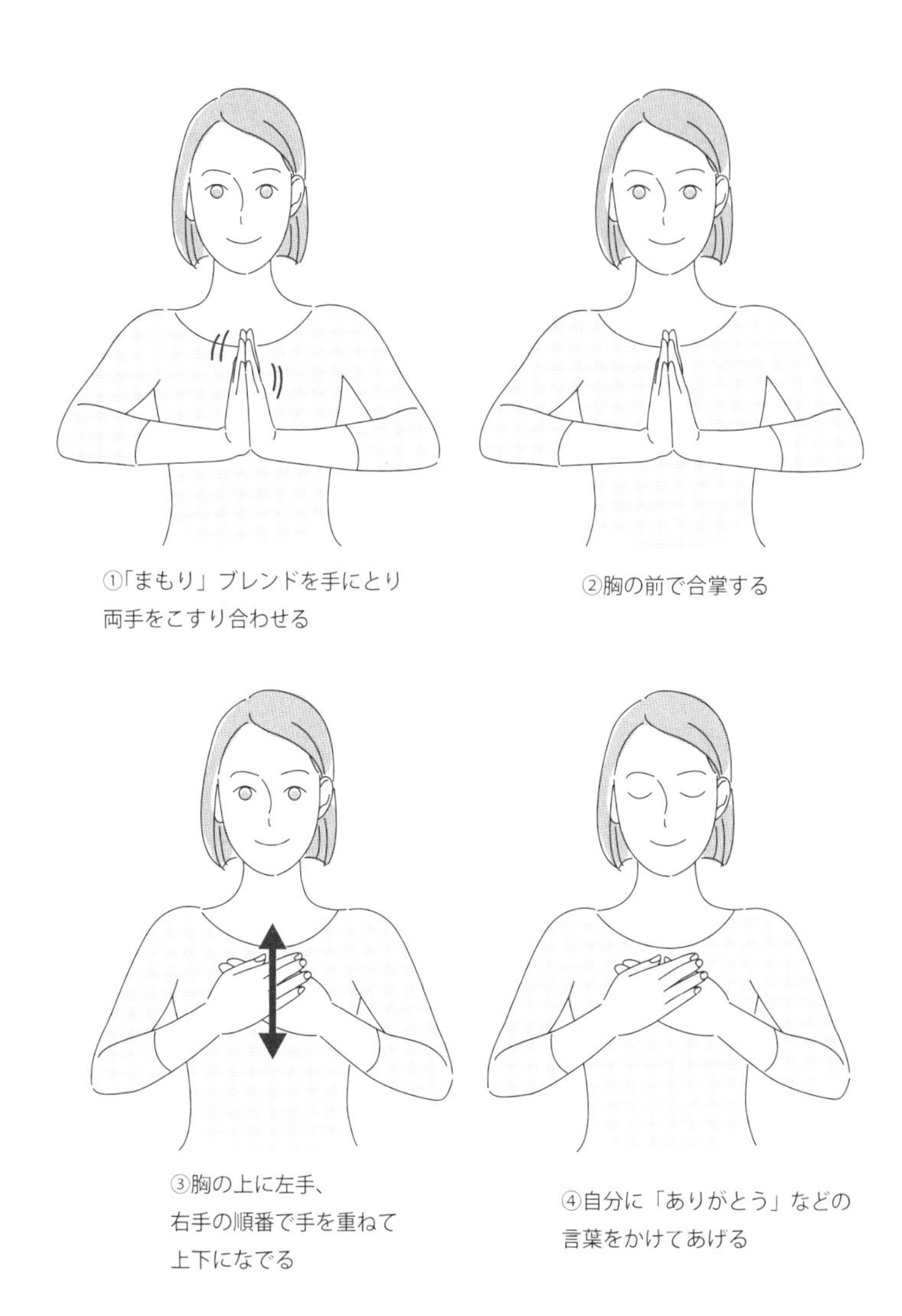

「まもり」のアロマセルフケア

アロマセルフケアを行なったら、そのまま寝ることをおすすめします。胸が温かくなり、安心した状態で、自分に感謝して睡眠に入ることができ、心身の癒し度合いも高まります。手に残った精油は、身体の他の部位、たとえば足裏に塗ってもいいでしょう。

稀（まれ）にですがアレルギーを起こす方もいます。肌に異常があった場合は使用を中止してください。

〈さきわい〉

作用：インスピレーション
テーマ：自分自身とつながる
チャクラ：第4、第7
精油：「さきわい」ブレンド（第3章「アロマビジョン・メソッド」〈77ページ〉で選んだ精油）。

「さきわい」ブレンドのオイルをつくる

①ガラス製のスプレー容器に、スイートアーモンドやホホバなどの植物油を30㎖入れる。

②①に、第3章の「アロマビジョン・メソッド」で選んだ「好きな精油」3滴と「嫌いな精油」1滴（または市販の「さきわい」ブレンド3〜4滴でもよい）を加える。
③②をよく混ぜる。

「さきわい」のアロマヘッドマッサージ

①首の後ろにある窪み「盆の窪」に、髪をかき分けて、「さきわい」ブレンドのオイルを適量とり、塗布する。
②親指を使って円を描くようにオイルを広げていく。
③親指で、「盆の窪」の窪みを、やや強く押す。
④新たに「さきわい」ブレンドのオイルを、指先と手のひらに塗布。そして額全体に指を置く。
⑤意識を眉間（第三の目）に置き、香りに集中する。
⑥呼吸をしながら、額から光が出入りするとイメージする。充分感じたら手を外す。

このマッサージは、脳の奥にある脳幹に働きかけるイメージで行ないます。脳幹は、免

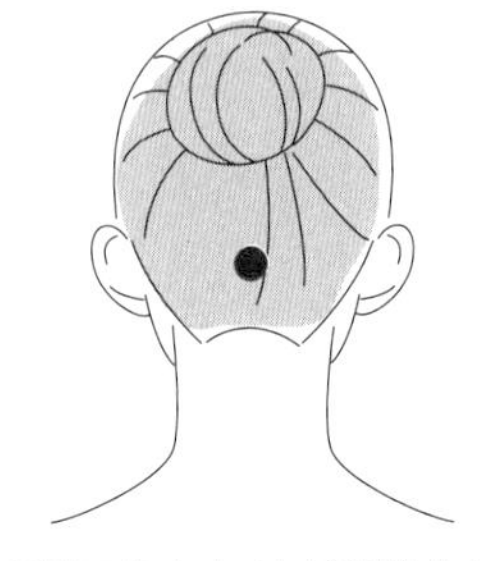

①「盆の窪」にオイルを適量塗布する

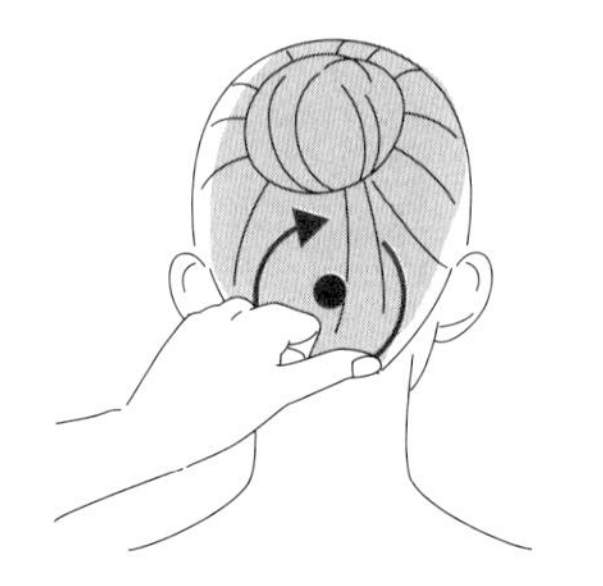

②親指で円を描くようにオイルを広げていく

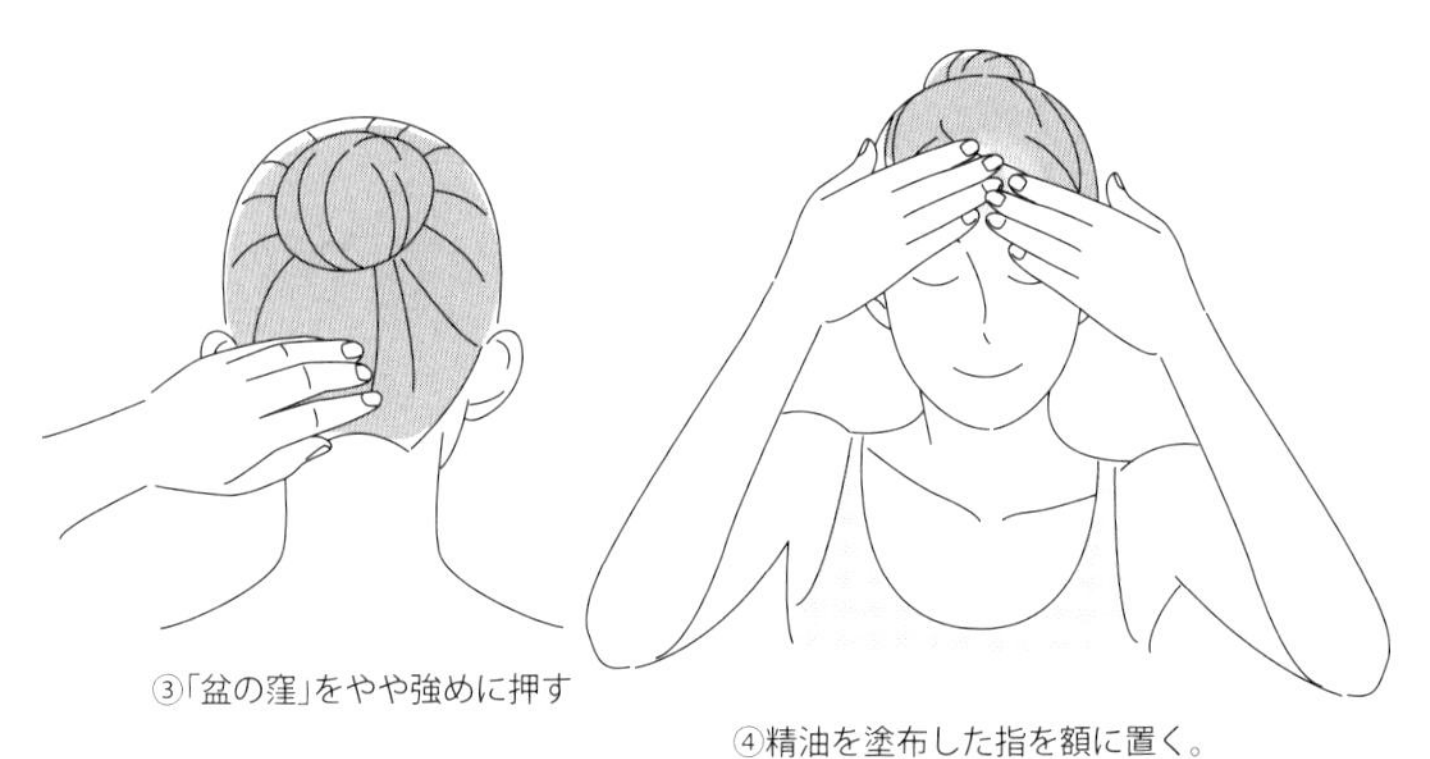

③「盆の窪」をやや強めに押す

④精油を塗布した指を額に置く。

「さきわい」のアロマヘッドマッサージ

疫系や自律神経系など、潜在意識のいちばん重要なシステムがあるところです。

最初にアプローチする「盆の窪」は、本来窪んでいるはずなのですが、最近は腫れて窪みがない人も珍しくありません。アロマヘッドマッサージをしていくと、腫れがひき、本来の頭の形に戻ります。

また、額に光を当てると開運につながります。アロマヘッドマッサージで額にオイルを塗布するのもそういう理由です。ふだんからなるべく額を出すヘアスタイルを心がけるといいでしょう。額に朝日を浴びるとセロトニンが分泌されるといいますので、心の安定にもつながります。

「さきわいメソッド」で潜在意識とつながる

シャーマンは、嗅覚が人並はずれています。常人には考えられないことですが、何百キロメートルも離れたところから誰がやってくるのか、匂いでわかるのです。

私たちもこの「さきわいメソッド」で嗅覚を鍛えることで、さらに直感的な感覚が磨かれることは間違いありません。ぜひ、一連の「さきわいメソッド」を、日常化していただけたらと思います。

自分にいいことを習慣化していくと、まず意識が変わります。「自分はよくなっていく」という確信が自然に生まれ、前向きな気持ちになれます。

そうなれば、自分のアンテナの感度も上がり、自分にとって気持ちのいい人や場所の情報が自然と集まってくるでしょう。

やがて、精油の香りの奥行きや複雑さを感じ取れるようになり、第六感も開発されます。

私は神社で神様からのメッセージやビジョンをよく受け取ります。近頃では本を出版したこともあって、セッションでも「私も神様の声が聞きたい！」という方にたくさん出会います。

しかし、神様のメッセージも自分の使命も顕在意識ではわかりません。潜在意識につながって知ることができます。そして、私からいわせると、**「神様の声」も「自分の潜在意識の声」も実は同じです。**

内なる潜在意識も神様もさまざまな段階がありますが、シンプルにいうと、自分の潜在意識の声を聞くことは、間接的に神様の声も聞いていることになります。
内なる潜在意識の先は、外なるサムシンググレート（大いなる意思。神といってもよい）とつながっています。ただ、自分の波動が高まってクリアにならなければ、内なる神様の声も外なる神様の声も聞くことはできません。

自分の潜在意識の声を聞くのは簡単なことではありませんが、香りを使えば格段に容易になります。

もしあなたが神様の声を聞きたい、自分の使命を知りたいと思うなら、「はらい」「きよめ」「まもり」「さきわい」という四つのステップを順番に行なうことが鍵になります。邪気が祓われ、内側が浄化されてピュアになり、今につながり、自分の内側からの輝きが表に出てきて、ようやく自分の潜在意識の声が聞けるようになるからです。
自分自身が整うと、外側に対して影響していくことができます。それと同時に人生が現実的に変わり始めるのです。

香りの可能性は、私たちが想像する以上に大きいものです。
ぜひ楽しみながら、嗅覚を開発し、潜在意識を整えて、現実を変えていってください。

香りからのメッセージを受け取るには

精油の香りからメッセージを受け取るためにいちばん必要なことは、その精油に対するあなたの愛情です。

そして次に、その精油をたくさん使うことが大切です。つまり、たくさん香ったり、ディフューザーに落としたりするなど、活用することです。

精油を人にたとえるとわかりやすいと思います。実際に人はコミュニケーションをとればとるほど、その人のことがわかるようになります。よりお互いを理解し合うには、たくさん会って話すことが必要です。

それは、精油に対しても同じです。アロマビジョンのクライアントの方からは、「もったいなくて精油をたくさん使えない」という声をよく聞きますが、それでは精油とのコミュニケーションはとれません。出会ったからにはもったいながらずに、楽しく使うほうがよいのです。

精油をキャリアオイルに落とす時にも、パッパッと適当に入れるのではなく、1滴1滴、目を離さず、コミュニケーションを取りながら落としましょう。

精油の1滴には、植物の生きるエネルギーが凝縮されています。そして、植物のスピリットが存在します。ですから私は、アロマビジョンのセルフケア講座生用のアロマオイルも、毎回それぞれの香りのメッセージに耳を傾けながらつくっています。

そして、もう一つのポイントは、**自分の身体の感覚を感じながらアロマセルフケアをすること。**

「まもり」のアロマセルフケアで自分の胸をなでるとき、そこが温かいのか冷たいのか、を感じましょう。「さきわい」のアロマヘッドマッサージでも、自分の頭が今日は硬いのか、昨日より柔らかいのか、そういった身体の状態や変化に目を向けていってください。

そうしていくと、たとえばラベンダーの香りで呼吸が楽になった、ペパーミントで頭がスッキリしたなど、その香りに対しての理解が深まります。するとその精油への感謝が生まれ、最初に述べた、精油に対する愛情につながるのです。

この好循環が起こっていくと、香りからのメッセージが自然に入ってくるようになります。精油と自分の垣根がなくなるからです。これが、無意識である潜在意識でコミュニケーションが取れるようになるということです。

つまり、精油の香りが語りかけてくることは、自分の潜在意識からのメッセージでもあるのです。

アロマビジョンの精油を香って泣く方もたくさんいらっしゃいます。理由もなく自然に涙が出てくるというのです。それは、張りつめていた心と身体が一瞬でゆるんだから。いわゆる浄化の涙です。

でもそれだけではありません。その香りが潜在意識、そのもっと奥底にある魂に響いたからです。言葉ではない植物からの癒しのメッセージを受け取って、本来の自分自身を思い出したのです。その深い安堵と、喜びの涙でもあるのです。

チャクラとは？

チャクラは、古代インド哲学の中に出てくる言葉で、身体上のエネルギーの出入り口のこと。サンスクリット語で「車輪」という意味があります。一般的には目に見えないことが多いのですが、実際は渦を巻いて、エネルギーが身体を出たり入ったりしています。

チャクラから出入りするエネルギーは、心身の活動に欠かせません。チャクラが整えられ、活性化していると、元気に活動できますが、不活性の状態だと、心身にも悪影響を与えると考えられています。

主要なチャクラは身体上に７つあると考えられています。

チャクラ	部位	意味
第7チャクラ	頭頂	高次元とのつながり
第6チャクラ	眉間	直感
第5チャクラ	喉	表現力
第4チャクラ	胸	愛
第3チャクラ	みぞおちの下腹部	自分
第2チャクラ	下腹部	創造力
第1チャクラ	会陰	生命力

第5章

香りの辞典

常備したい精油22種

本書では、数ある精油の中から、心と身体、そして感性のレベルアップに役立つ22種の精油をご紹介します。バランスが良く、手に入りやすい、そして誰もが使いやすい精油を選びました。

まず「ベーシックの精油」は8種類。主に心身のバランスを整えることに使います。常備しておくといろいろな場面で使えるラインナップです。

そして、「ベーシックの精油」に加えたい14種類。ベーシックがそろっていなくても、香ってみてピンときた精油があれば、ぜひ手に入れるといいでしょう。

精油は、それぞれの植物の種類以外に、植物の抽出部分によっても、エネルギーが異なります。それは、花や根や実など、それぞれの使命が違うからです。簡単にまとめると、次のようになります。

花から抽出される精油は、幸福感を与え、愛情や女性性を高めてくれます。

葉・茎から抽出される精油は、活力を与え、思考と身体をクリアにします。

根から抽出される精油は、落ち着きをもたせ、持続して成就する力を与えます。

種から抽出される精油は、刺激を与え、現実を強く生きられる力をもたらします。

果実から抽出される精油は、満足感を与え、現実に楽しさと明るさをもたらします。

樹脂から抽出される精油は、洞察力を与え、心に静けさと安定をもたらします。

22種類の精油は、効果効能の観点よりも、香りの傾向や植物がもつエネルギーから、全体的にバランスがとれるように選んでいます。

もちろん実際に香ってみて、欲しい精油を選ぶのがいちばんです。しかし、それが不可能な場合はぜひ参考にしてみてください。

1 ラベンダー

学名／Lavandula officinalis ／ Lavandula angustifolia
科名／シソ科　原産地／フランス、スペイン、ハンガリーなど
抽出部分／葉、茎、花の咲いた先端部分　抽出方法／水蒸気蒸留法
チャクラ／第7　部位／側頭部を中心に脳と喉
季節／春　時間／夜　人生／壮年期

深い鎮静が芯からゆるめてくれる

[歴史] 古代ギリシャ・ローマ時代から治療に使われていたという古い歴史があります。
古代ギリシャにおいて、薬理学と薬草学の父といわれたペダニウス・ディオスコリデスが、「胸にある憂い」に効果があるとしました。

古代ローマ人は沐浴にラベンダーを入れ、創傷を癒し、香りを楽しんだとか。そのことからラベンダーの学名は、「洗う」という意味のラテン語「Lavare」からきています。

［作用］深い落ち着きを促すラベンダーの香りは、私たちを芯からゆるめてくれます。心身がゆるむということは、どんな自分であっても、そのままの自分自身を許すことにつながります。ゆるまり、許す。自分を許して初めて、相手を許せます。

ラベンダーの花の紫は慈悲の色。そして、優しく包み込むその香りは、緊張や不安を和らげ、過去の心の傷やトラウマを浄化します。その癒しのエネルギーは私たちに「大丈夫」という安心感をもたらしてくれます。

［香りの特徴］柔らかく優しい花の香りに、くっきりとした輪郭がある

［ノート］トップノート

［キーワード］慈悲、鎮静

〈2〉ペパーミント

学名／Mentha piperita
科名／シソ科　原産地／地中海沿岸、インドなど
抽出部分／葉　抽出方法／水蒸気蒸留法
チャクラ／第6　部位／前頭葉を中心に脳と胃
季節／夏　時間／朝　人生／青年期

意識を活性化し行動の好循環を生む

［歴史］古代エジプト人は、儀式の際に、神々を迎える聖なるお香「キフィー」を燻(くゆ)らせていたそう。キフィーはさまざまなスパイスや樹脂などの天然香料をブレンドしたもので、ペパーミントはこのキフィーにも調合されていました。

また古代ローマでは、解毒効果があることから、宴会の席では、ペパーミントでつくった冠をかぶっていました。

［作用］爽快感のあるペパーミントの香りは、意識を明瞭にし、覚醒を起こします。
脳が活性化されると、集中力や記憶力がアップし、私たち人間の知的活動を応援してくれます。さらにそれがやる気や意欲となり、行動へとつながっていきます。その行動によって得られた幸福感が、また次の意欲を促すため、活動的な好循環を生むことができます。
スーッとした刺激のあるペパーミントの香りが、心も身体もスッキリ爽やかにし、元気にハツラツと生きる活力を与えてくれます。
［香りの特徴］強い清涼感があり、苦味の奥に甘みがある刺激的な香り
［ノート］トップノート
［キーワード］予見、活性

3 ローズマリー

学名／Rosmarinus officinalis
科名／シソ科　原産地／スペイン、クロアチアなど
抽出部分／葉、小枝　抽出方法／水蒸気蒸留法
チャクラ／第6　部位／鼻、喉、眉間
季節／夏　時間／昼　人生／青年期

知性と生命力を得て、本来の自分を思い出す

【歴史】古代エジプトでは、儀式でローズマリーの小枝を焚いて、亡きファラオの世を偲んだといわれています。

古代ギリシャ・ローマ人にとっては、ローズマリーは復活の象徴でもあり、神聖な植物でした。神々の像をローズマリーの小枝で飾り、ローズマリーの薫香を焚いたほか、悪霊を祓う儀式にも欠かせない香りだったといいます。

[作用] ローズマリーは非常に強い繁殖力があります。

この香りを取り入れると、私たちに生きる力を与えると同時に、心身の不快感も取り除いてくれます。自分本来の光は、クリアな自分になって初めて出てくるもの。深く自分を知りたい時に香るといいでしょう。

ローズマリーの香りは、本来の自分を思い出し、それを取り戻すことができます。香りを深く吸い込むと、香りのエネルギーはまずハートに届き、そして背筋を昇って頭頂をまっすぐに抜けていきます。その時、知性と生命力の両方を授かるのです。

[香りの特徴] ダイレクトに香りが飛び込んでくる、パワフルでクリアな香り

[ノート] ミドルノート

[キーワード] 記憶、生命力

4 ゼラニウム

学名／Pelargonium graveolens
科名／フウロウソウ科　原産地／南アフリカ
抽出部分／花、葉　抽出方法／水蒸気蒸留法
チャクラ／第2、第4　部位／腎臓、副腎
季節／冬　時間／夜　人生／壮年期

心身に潤いを与え、情緒の安定に役立つ

[歴史] ゼラニウムは、17世紀には、観賞用としてよく庭に植えられていた人気の植物でした。

18世紀初頭になると、フランス人化学者による蒸留が成功し、以来、香水の大切な成分となりました。

[作用] ゼラニウムの香りは、心身に潤いを与えてくれます。優しく、湿度のある香りで

す。この香りを感じていくと、自分の中にある情感や情緒を呼び起こし、内面からの豊かさを感じられます。女性にとって、その豊かさは女性らしい柔らかさを生み、人を受容する許容の幅を広げてくれます。

男性にとっても貴重な香りです。内なる男性性と女性性とのバランスを取り、情緒を安定させてくれるでしょう。

日々がんばりすぎて乾いてしまった心を優しく癒し、人生を色鮮やかに彩ってくれます。

［香りの特徴］ふんわり温かい甘みに爽やかさを含んだフローラルの香り
［ノート］ミドルノート
［キーワード］情緒、安心

5 ベルガモット

学名／Citrus bergamia
科名／ミカン科　原産地／アジア熱帯地方、イタリア
抽出部分／果皮　抽出方法／圧搾法
チャクラ／第3、第4　部位／胃、腸
季節／春　時間／夕方　年齢／青年期

垢抜けたオーラと精神的な安定感で人間関係もスムーズに
[歴史] 16世紀、イタリアをはじめとするヨーロッパで、民間療法の消毒薬、解熱薬としてベルガモットが使われるようになりました。その後、19世期初頭のナポレオンの時代になると、香水として人気が高まり、古典的なトワレやオーデコロンの主成分になりました。
[作用] ベルガモットの香りを香ると、まず気分が明るくなり、そのあと心の安定感が生まれてきます。鬱々とした時や緊張状態にある場面では、ベルガモットの香りが神経をとき

ほぐしてくれます。人前に出る時などに使うとよいでしょう。

特に柑橘系の中でもおしゃれで洗練された香りです。この香りをまとうことで垢抜けた印象になります。

その都会的なオーラと、精神的な安定感が、よりスムーズな人間関係をつくることにつながります。

［香りの特徴］柑橘系の芳香のなかに複雑さと華やかさがあり、洗練された都会的な香り

［ノート］トップノート

［キーワード］高揚、解放

〈6〉ユーカリ

学名／Eucalyptus globulus
科名／フトモモ科　原産地／オーストラリア、タスマニア
抽出部分／葉　抽出方法／水蒸気蒸留法
チャクラ／第5　部位／鼻、喉、肺
季節／秋　時間／夕方　年齢／幼年期

心身を浄化し、おおらかでさっぱりした気分に

[歴史] オーストラリア原産のユーカリは強い殺菌力を持ち、かつてオーストラリアの先住民アボリジニは、ユーカリの葉を燃やした煙を吸入して感染症や発熱の治療に用いたそうです。ヨーロッパに入ったのは19世紀。以降、スペインなどに広がりました。また、アフリカのアルジェリアでは、マラリアの流行地域に植林されたということです。

[作用] ユーカリの香りを香ると、喉や胸に香りの粒子が広がって、まず呼吸が深くなり

ます。その呼吸の心地よさを感じると、息をしている、つまり、生きている自分を感じることにつながります。そして呼吸が深まっていくと、現実の息苦しさは感じなくなり、自分自身が生きやすい環境と遭遇する可能性が高まるのです。

ユーカリの香りは心身の浄化を促します。鬱々とした閉塞感から解放されて、おおらかでさっぱりとした気分になることでしょう。そうしてまた一歩前に進む勇気が自然に湧いてくるはずです。

[香りの特徴] 細やかに染み渡るようなクリアな香り
[ノート] トップノート
[キーワード] 浄化、解放

7 イランイラン

学名／Cananga odorata
科名／バンレイシ科　原産地／東南アジア
抽出部分／花　抽出方法／水蒸気蒸留法
チャクラ／第2、第3　部位／膵臓、子宮
季節／夏　時間／夜　年齢／壮年期

官能的な本能を呼び覚まして「人生の楽園」へ

[歴史] マレー語で「花の中の花」を意味するイランイランは、インドネシアや南洋地方で昔から愛されてきた花です。たとえばココナッツオイルにイランイランの花を加えて髪を整えたり、また、新婚初夜のベッドにイランイランの花びらをまき、甘い香りを漂わせる風習もあります。

フランスでは、香水の傑作を生み出す香りの一つとして使われてきました。

［作用］エキゾチックで強い芳香を放つイランイランは、この殺伐とした現代において、楽園を思わせる香りです。

なまめかしい黄色の花から抽出された甘く濃い香りは、感情に艶を与えてくれるだけでなく、私たち人間の本能的な官能を呼び起こします。そして、内なる女性性と男性性の融合を促し、バランスがとれていきます。

イランイランの香りによってオープンになった心は、孤独感や喪失感からも解放されます。苦行ではなく、人生の楽園をこの世で生きることができるのです。

［香りの特徴］エキゾチックで濃厚な甘さの中にスパイシーさを含む香り

［ノート］ベースノート

［キーワード］官能性、喜び

〈8〉ベティバー

学名／Vetiveria zizanioides

科名／イネ科　原産地／南インド地方、スリランカ、マレーシア

抽出部分／根　抽出方法／水蒸気蒸留法

チャクラ／第1　部位／子宮、尾てい骨周辺

季節／冬　時間／夜　年齢／老年期

大地とつながり生きていく生命力の強さ

[歴史] ベティバーの根は強い繊維質であるため、昔から生活に密着してきました。たとえばインドやジャワでは、天幕やぼうし、うちわを編んだり、屋根を葺いたりする材料として使われたこともあったようです。

また、古代から続くインドの伝統医学「アーユルヴェーダ」の文献「ヴェーダ」には、この精油を使って癒す方法が載っています。

［作用］大変深みのあるベティバーの香り。深く吸い込んだ途端、香りの粒子が下へ下へと染み込んでいくのが感じられます。香りには持続性があり、私たちが大地とつながってしっかりと生きていくために役立つ強い生命力を感じさせます。たとえば、自分自身のルーツや土台があって今がある、ということへの現実的な目を開かせてくれるのです。

大地に深く根を張ってゆっくりと広がっていく、そんな感覚がベティバーの香りにはあります。自分のなかに取り入れることによって、流行や他人の思惑に左右されず、自分の軸を持って生きられるようになります。ベティバーの香りは、私たちに永続性のある輝きを与えてくれるのです。

［香りの特徴］濃厚で甘みもあるウッディでスモーキーな香り

［ノート］ベースノート

［キーワード］静寂、滋養

1 オレンジ

学名／Citrus sinensis
科名／ミカン科　原産地／中国、インド
抽出部分／果皮　抽出方法／水蒸気蒸留法
チャクラ／第3　部位／胃
季節／春　時間／夕方　年齢／青年期

気分を一掃し、気の流れをスムーズに

[歴史] 中国においてオレンジは、伝統的に幸福と繁栄の象徴です。また古くから、オレンジの果皮を乾燥させたものは、漢方の生薬「陳皮」として使われてきました。
ヨーロッパでは、18世紀になると、スイートオレンジの精油が、神経症や心臓疾患など

によいと評判になりました。

［作用］香った瞬間に太陽の光を感じさせるような明るいオレンジの香り。エネルギーが滞った時、不快な気分を一掃してくれます。そして、若々しいこの香りを取り入れると、気の流れがスムーズになり、現実に順応することができるようになります。

［香りの特徴］甘さと酸味がある柑橘系の温かい香り

［ノート］トップノート

［キーワード］楽しさ、円滑

2 カルダモン

学名／Elettaria cardamomum
科名／ショウガ科　原産地／南インド、スリランカ
抽出部分／種子　抽出方法／水蒸気蒸留法
チャクラ／第2、第3　部位／胃、脳
季節／夏　時間／昼　年齢／老年期

現実をありのままに受け止めて生きる後押し

[歴史] 古くからインド、中近東、ヨーロッパで主要なスパイスとして使われてきました。精油となったのは15世紀。ポルトガル人によって初めて蒸留抽出されたことから始まったと伝わっています。

[作用] カルダモンは、身体を温め、自律神経のバランスに役立つといわれています。爽やかさと深みのある香りは、心にピリッとした刺激とともに、元気を与えてくれます。

意識を内なる感覚へとフォーカスさせ、現実をありのままに受け止め、生きることを後押ししてくれます。

［香りの特徴］爽やかな苦味の中にかすかな甘みのあるスパイシーな香り

［ノート］ミドルノート

［キーワード］充足、元気

〈3〉クラリセージ

学名／Salvia sclarea
科名／シソ科　原産地／ヨーロッパ大陸
抽出部分／花穂、葉　抽出方法／水蒸気蒸留法
チャクラ／第5、第6　部位／喉、肺
季節／秋　時間／夜　年齢／壮年期

不安がもたらす幻想から目覚めて明晰になる

［歴史］クラリセージという名称は、「明晰」という意味のラテン語に由来します。その理由は、南欧を中心に、眼を清浄にするハーブとして利用されてきたから。中世の頃には、「キリストの眼」といわれていました。それほど、物事をクリアに見ることに役立ったのでしょう。

［作用］クラリセージの香りは、混乱した心を鎮め、神経質であることから起こる緊張を解

きほぐします。香りを吸い込むことで胸が開き、不安や落ち込みからもたらされる幻想から目覚めることができます。その結果、私たちに直感的な洞察をもたらしてくれるのです。

[香りの特徴] 渋さと苦味のなかに華やかさを感じさせる重厚な香り

[ノート] ミドルノート

[キーワード] 直観、明晰

4 サイプレス

学名／Cupressus sempervirens
科名／ヒノキ科　原産地／南欧
抽出部分／葉、球果　抽出方法／水蒸気蒸留法
チャクラ／第4　部位／肝臓
季節／秋　時間／夕方　年齢／老年期

執着を手放して新しい世界に開かれていく

[歴史] 古代エジプトでは、サイプレスが薫香として棺に入れられていたと、パピルスに記されているそうです。

古代ギリシャでは、腐りにくい樹木のため、棺や神々の彫刻に使われました。

[作用] 身体面では、サイプレスの香りを吸い込むと、気血の巡りをよくするとされています。と同時に、現実世界で起こっている滞りも解消していくのです。

現実世界の滞りを解消するには、現実をありのまま認めて、こだわりや執着を手放すことが必要です。こうして私たちは、新しい世界に向かって変容できるのです。その過程を、サイプレスの香りは応援してくれます。

[香りの特徴] 軽くスパイシーさのあるバルサム(樹脂)調の香り

[ノート] ミドルノート

[キーワード] 再生、流れ

〈5〉シダーウッド

学名／Cedrus atlantica

科名／マツ科　原産地／モロッコ

抽出部分／木部　抽出方法／水蒸気蒸留法

チャクラ／第1、第2　部位／腎臓、膀胱

季節／冬　時間／夜　年齢／壮年期

疲労感から抜け出し逆境に負けない強さをもたらす

[歴史] シダーウッドは幾度となく、聖書に登場した木であり、ソロモン王の寺院の建立に使用されたとあります。

非常に古くから使われた香料の一つで、寺院では薫香として焚かれ、宗教の神秘的なイメージに役立ってきました。

[作用] アラビア語で「力」を意味するシダーウッド。その香りは、まさに「気」の強力

な強壮剤となります。

倦怠感や神経衰弱から抜け出て、意志を強く持つことを後押しします。逆境に負けず、不屈の精神を発揮できる強さをもたらすのです。そして私たちに、まっすぐに生きることを教えてくれるでしょう。

[香りの特徴] 甘く濃いウッディ調の香り

[ノート] ベースノート

[キーワード] 志、豊かさ

〈6〉 ジュニパー

学名／Juniperus communis
科名／ヒノキ科　原産地／北欧、南西アジア、北アメリカ
抽出部分／液果　抽出方法／水蒸気蒸留法
チャクラ／第3　部位／背中、腎臓
季節／冬　時間／夜　年齢／青年期

内側をクリアリングし、外側の邪気をはねのける

[歴史] 先史時代のスイス湖畔住居跡で、ジュニパーの球果が見つかりました。そのことから、ジュニパーは人類がかなり早い段階から使用した植物の一つであるとわかります。

また、チベットやアメリカ先住民も儀式に使用しており、世界各地で、その香りが神聖さをもたらすとみなされてきたようです。

[作用] 神経を明敏にするジュニパーの香り。深く吸い込むことで、心のわだかまりを溶

かし、さらには魂までクリアにします。

また、自分自身の内側を浄化するだけでなく、外側からの邪気もはねのける力を持っています。その結果、私たちに失敗を恐れず前進する自信を与えてくれるのです。

[香りの特徴] 軽くてくっきりとしたウッディ調の香り

[ノート] ミドルノート

[キーワード] 祓い、不動

7 タイム

学名／Thymus vulgaris
科名／シソ科　原産地／ヨーロッパ地中海沿岸地方
抽出部分／花穂、葉　抽出方法／水蒸気蒸留法
チャクラ／第6　部位／左脳、鼻
季節／秋　時間／夕方　年齢／幼年期

不安を吹き飛ばし前進する躍動感を取り戻す

［歴史］人類がタイムを使った形跡は非常に古い時代からあります。

紀元前3500年ごろのメソポタミアで栄えた古代シュメールでは、タイムを薫香に用いたとされています。

古代エジプトでは、ミイラの防腐剤として使われていました。

古代ローマ帝国では、戦いの前に、兵士がタイムを入れた湯で入浴したといわれていま

す。

［作用］陽気を強め、人を躍動的にさせるタイムの香り。この香りは、慢性的な不安を吹き飛ばしてくれます。そして人は再び前向きになり、精力を取り戻すのです。

タイムは、**心に秘めた断ち切りがたい執着を手放すように、手助けしてくれる香り**です。自信を喪失し、自分自身を信じられなくなった時は、タイムの香りがネガティブな気持ちを引き剥がしてくれます。そこに、男性的な力強さを感じることができるでしょう。

［香りの特徴］辛味と甘みを含んだハーブ調の強い香り
［ノート］トップノート
［キーワード］勇気、強壮

〈8〉ティーツリー

学名／Melaleuca alternifolia
科名／フトモモ科　原産地／オーストラリア
抽出部分／葉　抽出方法／水蒸気蒸留法
チャクラ／第5　部位／喉
季節／秋　時間／昼　年齢／青年期

鋭い強さで邪気から守り生命力を呼び覚ます

［歴史］ティーツリーはオーストラリア原産。先住民族であるアボリジニは、この葉で感染症を引き起こす恐れのある創傷を治していたそうです。

精油として世界に広がったのは第一次世界大戦後。精油としての歴史は新しいものの、効能の高さに注目が集まり、積極的に研究が進められました。

［作用］稲妻のように瞬時に広がるティーツリーの香りは、その鋭い強さで邪気から私た

ちを守ってくれます。同時に、生命力も呼び起こす、心強い香りなのです。

また、**心の傷を癒しながら、潔く生きることに気づかせてくれます。**

[香りの特徴] 鋭くピリッとした清潔感のある香り

[ノート] トップノート

[キーワード] 衛気（邪気を寄せつけないエネルギー）、強さ

9 パチュリ

学名／Pogostemon patchouli
科名／シソ科　原産地／東南アジア
抽出部分／葉　抽出方法／水蒸気蒸留法
チャクラ／第1、第2　部位／胃
季節／夏　時間／昼　年齢／青年期

緊張をほどいて肉体に意識を戻してくれる

[歴史] パチュリの地上部は、乾燥させると「藿香（かっこう）」として漢方薬の生薬となります。マレーシア、中国、日本では、何世紀にもわたって中医学の伝統医療が根付いており、パチュリも生薬として珍重されてきました。

19世紀になると、インド産のショールや織物の香りづけとしてよく使われ、その名が世界中に広がりました。現在では著名な香水にも香料としてしばしば用いられます。

［作用］濃厚で、ムスクに似たパチュリの香りは、緊張をゆるめながら、私たちをグラウンディングさせます。たとえば、他人に気を使っていろいろ考えすぎる人は、パチュリの香りを取り入れることにより、意識を自分の肉体に戻し、身体の声に耳を傾けやすくなるのです。その作用は、官能的な感覚を高め、現実の喜びを味わうことを後押しするものでもあります。それはとりもなおさず創造性への目覚めにもなります。

［香りの特徴］甘くスパイシーでエキゾチックな香り

［ノート］ベースノート

［キーワード］調和、大地

10 パルマローザ

学名／Cymbopogon martini
科名／イネ科　原産地／インド半島
抽出部分／葉　抽出方法／水蒸気蒸留法
チャクラ／第4　部位／心臓
季節／夏　時間／昼　年齢／青年期

自分自身を思い込みから解放し穏やかな感情に導く

［歴史］インドの薬草辞典にも大きく記載されている植物、パルマローザ。インドの伝統医学「アーユルヴェーダ」では、精油とドライハーブの両方を用います。
精油としてのパルマローザは、18世紀に水蒸気蒸留が始まり、以来愛用されるようになりました。

［作用］バラに似た華やかな香りのパルマローザ。私たちの感情を穏やかにしてくれるだ

けでなく、依頼心や執着心を手放す後押しをしてくれる香りでもあります。
「〜ねばならない」「〜べき」などの思い込みが強く、自分で自分に束縛を課してしまう人にとって、パルマローザの香りが、その状態から解放されるように働きます。
[香りの特徴] 若草のようでありながら、フローラルな柔らかい香り
[ノート] トップノート
[キーワード] ハート、流動

11 フランキンセンス

学名／Boswellia carteri
科名／カンラン科　原産地／中近東、北アフリカ
抽出部分／樹脂　抽出方法／水蒸気蒸留法
チャクラ／第7　部位／右脳
季節／夏　時間／昼　年齢／青年期

自分自身の心を照らし、無意識との折り合いをつける

[歴史] 複雑で深淵な香りのフランキンセンスは、エジプトやバビロニア、ギリシャ、ローマといった古代文明において、太陽神に捧げられ、儀式を中心に使われた香りです。
新約聖書にも、イエス・キリスト生誕の際、東方の三賢人が捧げた「乳香」として記されています。フランキンセンスは聖書にたびたび登場する香りなのです。

[作用] 太陽が遍く(あまね)世界を照らすように、フランキンセンスの香りは、自分自身の心を隅々

まで照らし出します。
そして、**自我と超自我（無意識レベルでの自我の導き手）が調和して働くことを促します。**
その調和によって、私たちは心の静けさを取り戻すことができるのです。
［香りの特徴］ほのかなシトラス調でありながら、ウッディでスパイシーな香り
［ノート］ベースノート
［キーワード］洞察、霊性

〈12〉

マジョラム

学名／Origanum majorana
科名／シソ科　原産地／南ヨーロッパ、中近東
抽出部分／花の咲いた全草　抽出方法／水蒸気蒸留法
チャクラ／第4　部位／喉、胸
季節／夏　時間／昼　年齢／幼年期

喪失感を癒し、生きる希望を与えてくれる包容力

［歴史］マジョラムは、古代ギリシャ人によく用いられたハーブです。薬草として使われてきたのはもちろんのことですが、他にもさまざまな場面で使われていたようです。たとえば、マジョラムは「幸せ」「純愛」を意味するため、新婚夫婦の幸福を願って贈られたり、また他界した人々の魂の平安を願って、墓前に植えられたりしたそうです。

［作用］深く滋養的なマジョラムの香りは、母なる地球の包容力そのもの。喪失感や飢餓感

に襲われた時は、癒し、なぐさめ、慈しむように満たしてくれます。
マジョラムの香りによって私たちは、人生を生き抜く力を高め、心のバランスを取り戻すことができます。

[香りの特徴] 温かく染み通るようなウッディかつハーブ調の香り
[ノート] ミドルノート
[キーワード] 満足、喜び

13 レモン

学名／Citrus limonum
科名／ミカン科　原産地／インド
抽出部分／果皮　抽出方法／圧搾法、水蒸気蒸留法
チャクラ／第3　部位／胸
季節／夏　時間／朝　年齢／青年期

気分をリフレッシュさせ、感情的な混乱や疑念を一掃

［歴史］古代の人々は、レモンを衣類の香りづけと虫除けに用いていたようです。17世紀後半になると、レモンの薬効が認められ、それ以降「万能薬」として広く知られるようになりました。

［作用］柑橘系の中でもすっきりとした酸味の強いレモンの香り。気分をリフレッシュさせて気分転換するには最高の香りです。

感情的な混乱や疑念を一掃して、私たちの心をクールダウンさせてくれます。そしてそれは、**自分自身への信頼へ**とつながっていきます。

［香りの特徴］新鮮で軽い、酸味のある柑橘系の香り
［ノート］トップノート
［キーワード］清涼、若さ

〈14〉ローズ

学名／Rosa damascena
科名／バラ科　原産地／ペルシャ
抽出部分／花　抽出方法／水蒸気蒸留法、溶剤抽出法
チャクラ／第4　部位／胸
季節／夏　時間／昼　年齢／壮年期

どんな時も甘美で幸福な気持ちにさせてくれる「花の女王」

[歴史] ローズ、いわゆるバラは、何世紀にもわたり多くの女性に好まれた花。古くはクレオパトラが非常に愛したことで有名です。特に中世以来、バラは聖母マリアの象徴となりさまざまなキリスト教美術に描かれてきました。また、バラの意匠は王家の紋章や戦士の盾を飾り、女性だけでなく男性も魅了してきました。結婚式ではフラワーシャワーとしてローズの花びらが撒かれるなど、今もさまざまな場面で愛されています。

［作用］花の女王と呼ばれるローズは、魂の傷を癒し、この世の豊かさを感じさせてくれる香りです。どんな状況にあっても、私たちをこのうえなく甘美で幸福な気持ちにさせてくれます。

そして、自分自身が美しく輝く手助けをしてくれるのです。

［香りの特徴］とても華やかで濃厚なフローラルな香り

［ノート］ミドルノート

［キーワード］愛、美

終　章

香りで潜在意識がクリアになり人生が変わった

苦しみを通して出会ったアロマ

20代の時に運命の精油と出会って、私の人生は変わりました。

その精油でアロマセルフケアを実践すると、まず心と身体が変わり、現実が変わりました。その実体験をもとに、植物のありがたさ、精油の素晴らしさを伝えていこうと決めたのです。そこで、私が香りの伝道を使命とするまでの経緯をお伝えしたいと思います。

20代前半、私は全日空のグランドホステスをしていました。ところが、突然アトピー性皮膚炎を発症、10か月間も入院するほどひどい状態になってしまいました。当然、仕事を続けることはできません。

会社を辞めて治療に専念し、鍼や漢方薬など、さまざまな代替医療を試してみました。そのなかでもっとも興味をもったのがアロマセラピーだったのです。

そこで私は、メディカルアロマの専門学校で、プロ養成コースに通うことにしました。

精油の知識やトリートメントの手技を学んだあと、ちょうど私が住んでいた三重県四日市に、西日本初のリフレクソロジーサロンが誕生。卒業後はそのサロンに勤務し、リフレクソロジスト、アロマセラピストとして働くことになりました。

リフレクソロジーやトリートメントをしていると、人それぞれ固有の「気」があることに、私は気づきました。マッサージベッドに寝ているお客様の背中や足から、匂いとともに気が出ているのがぼんやり見えたのです。その気は、身体の部位や、出てくるタイミング、質や量が人によって違っていました。

その気が出ると、私は咳き込んだり、めまいがしたり、吐き気がしたりと、体調がおかしくなるのです。そこで他のスタッフに、「お客様の身体から出てくる気のようなものは何？　みんな、なんともないの？」と聞いてみました。けれども、誰も「わからない」というのです。どうやら気が見えているのは私だけのようでした。

「この仕事は私に合わないかもしれない」。そう思い始めた時、同僚の一人からアロマ講座に誘われました。その時はあまり気乗りがしなかったのですが、そこでまさに私の運命を変える精油に出会ったのです。

シャーマンの精油と出会って人生が大きく変わった

その講座で1本目の精油を香った時、稲妻に撃たれたような衝撃が起こりました。今まで使っていた精油とはまったく別次元だったのです。

「香りが生きている!!」

言葉にするとそんな感覚でした。私は、自分の感覚にまったく疑いをもちませんでした。

「この香りが素晴らしくて感動しました。どうすれば手に入りますか?」

私はものすごい勢いで主催者の方に聞きに行きました。

話によるとその精油は、海外NGOの植樹活動の一環として普及させているもの。そして南米シャーマンがかかわっているということでした。

私は当初、NGOの活動にはまったくといっていいほど興味がありませんでした。ただその素晴らしい香りの精油についてもっと知りたくて、その主催者が経営するサロンに何度も通ったのです。そして、その精油でアロマトリートメントを受けると、自分が今まで体感したことのないリラックス感と、さまざまなデトックスが起こりました。

いつしか、これまで学んだアロマセラピーの知識よりも、その精油による自分自身の感動や体感を伝えたいと私は思うようになりました。

そして、店長まで務めていたサロンを辞め、その特別な精油を使ったアロマトリートメントを提供する自宅サロンを始めたのです。


やがて友人や知人のクチコミによって、その精油の存在が広く知られるようになり、愛用するお客様が徐々に増えていきました。すると、海外ＮＧＯのロサンゼルス本部から、精油や植物に関する情報がたくさん入ってくるようになりました。

その情報は、医学や生物学などの専門家の知識と、薬草治療士であるシャーマンの智恵が含まれていました。


私は新たに部屋を借り、会員制サロンを設けました。

そこではメンバーさんに、その精油でのセルフケアを指導しました。会員制であるため、通常のアロマサロンではほとんど不可能な、継続したフォローアップができます。メンバーの心身の変化や体験談をしっかりと把握でき、実際どのように精油が心身にはたらき、どのような変化が起こるのか、といったことなどが、現実的なデータとして蓄積されていきました。

こうして、私自身の体験にとどまらず、たくさんの人たちの事例によって、その精油のもつ力を実証、確信していったのです。

人生は同じテーマを繰り返している

その精油でセルフケアをしてから約3年後、私はある日突然、全身が腫れあがってしまいました。発疹のレベルを超え、やけどのような状態で、目も開けられず、高熱で起き上がることもできません。3日後くらいには意識も朦朧としてきて、本当に死を意識するようになりました。

あまりにつらかったので、私は誰ともなく「私は死ぬのですか?」と尋ねました。

すると、頭の上に紫色の光を感じたと同時に、チリンと鈴の音が鳴ったような気がしました。

「本当に私は死ぬんでしょうか。教えてください」

するとと何語かはわかりませんが、「リ×××」という音が聞き取れました。そして、その「リ」が「RE」であること、そして「revive＝リバイブ」、つまり生まれ変わることだと直感しました。

「よかった。死なないんだ」

安心して目を閉じると、いきなり走馬灯のような映像が脳裏に流れ始めました。

それは、アメリカの荒野で、20〜30人ほどの先住民族が、集団移動しながら暮らしている様子。そんな物語が、脳内に投影されたのです。

そのなかに、20代半ばくらいの女性がいました。どうやらそれが私であるらしく、彼女の人生を追体験しているようでした。

昼間は、部族をまとめる男性酋長がいました。

しかし夜になると、私は星を見て、そしてテントのなかで石を投げ、これからの移動先や役割分担を決めるのです。いってみれば「夜の女酋長」。未婚だった私は、家族を持つ仲間たちをうらやましく思っていました。しかしそれ以上に、女酋長としての役割に徹し、部族のために生きる使命感に溢れていたのです。

ある時、部族が白人に襲撃されました。男性酋長と私は仲間を逃し、みんなの盾となって白人に捕らえられました。

捕らえられた私は、サイキックな力を使って、白人たちの人生や生活についてズバズバといい当て、そのためにだんだん信用されるようになりました。

それをいいことに、「私を逃がさないとあなた方は全滅する」と、嘘の予言をして、自分だけ解放してもらったのです。一緒に捕らえられた男性酋長のことが気になりましたが、私は「死にたくない」と強く思いました。死ぬのが怖かったのです。うしろめたさがないわけではありませんでしたが、「私だけでも戻れば、部族は生き延びられる」、そう自分に言い訳して、仲間の元に戻りました。

しかし、戻ってきた私に「なぜお前だけ帰ってきた?」と、部族の仲間から軽蔑の眼差しが向けられました。私は自分が情けなくなり、それ以来いたたまれない思いで毎日をただ生きていました。

そしてリーダー不在の1~2年後、他部族との縄張り争いが起こりました。襲撃されると、「私たちの部族はこれで終わりだ」と私は悟ったのです。そして死を覚悟した瞬間、私は石斧で胸を一撃され、命を終えました。

死の瞬間に感じたのは、身体の痛みではなく、自分に対しての強烈な後悔でした。仲間の信頼を失ったまま死んでいく、寂しさと悲しみが全身を貫くようでした。

私はその感情の衝撃でいったん目を開けました。

「夢じゃない、これは私の前世の記憶だ」

すべての人は渇望してこの世に生まれてきた

私はもう一度目を閉じました。すると今度は、私は光となって宇宙にいるのがわかりました。私の周りはほの明るく光っていて、あとは果てしない闇のような空間でした。

あとからわかりましたが、それは、死んでから今世に生まれ変わる間の「中間生」といわれる時空。この世とは違う時間の流れ方をしていました。気が遠くなるような、ものすごく長い時間が過ぎました。

そしてある時、「よし、今だ」と思ったその瞬間、自分と同じグループである光の存在たちと合流し、「私は生まれ変わりたいです！」と叫びました。

そして、姿にはならないほど大きな存在、それは宇宙そのものかもしれない父なる存在に「生まれ変わりたいです！」と叫んでいました。すると、他の光たちも「私も」「私も」と手を上げるように訴えています。私は全身全霊で「どうか私を生まれ変わらせてください」とアピールしました。

その父なる存在は、「許す」と、言葉にならない言葉で、私に許可を出してくれました。

「生まれ変われる!!」

私の光は喜び勇んで地球に向かって降りて行きました。そして、地球の大気圏に突入した時、記憶は途切れました。

その後一週間ほどで、やけどのように腫れ上がった全身の発疹はひき、私は元気になりました。

植物が教えているのは「今」に生きること

こうした経験は、私に魂の存在を教えてくれました。

私には他にも、ここに書ききれないほど多くの過去世があります。そしてあなたにもあります。

私は、そうした自分自身の過去世と今世のつながりが紐解けた時、繰り返している人生のパターンに気づきました。そしてそのパターンは、潜在意識に定着しているのだとわかったのです。

同時に、その潜在意識にある古い記憶が、越えるべき人生の課題であり、それを乗り越えた時、人生が180度転換するのだということを、身をもって体験しました。

しかし、私が伝えたいのは、精油を使って過去世や今世での過去を思い出すことではありません。それらはむしろ思い出す必要のないことです。第4章でも述べたように、過去の原因がわかったところで何も変わらないからです。

植物は逆に、今を生きることを教えてくれます。過去も未来も今には存在しないのです。

ではなぜ私はこのような経験をしたのか。

おそらくそれが使命だったからだと思います。

私自身がとても強い後悔の念を持ちながら生まれてきた今回の人生で、自然とともに生きるシャーマンと、素晴らしい精油に出会ったおかげでそれを転換できた奇跡。植物のスピリットが存在する精油が、私を生きながらにして生まれ変わらせてくれたのです。

こうした自分自身の体験を通して、たくさんの人たちがこの人生において自己実現していくお手伝いをする。それが私の使命だと思っています。

あなたがどれほど長い間、再びここに生まれてくるのを待っていたのか、そして、あなたはどれほど強く望んで生まれてきたのか、どれほど愛されてもう一度ここにやってきたのか。それがわかるからこそ、大切な命を楽しく生きようと伝えずにはいられないのです。

最後に、私のアロマメソッドを実践し、人生の変化を感じた方々の体験談をご紹介いたします。

家族へのわだかまりが解消し、愛情が持てるように。私の世界もモノトーンからカラフルへと変化。

（東京都　エ.Yさん）

私が齊藤帆乃花さんのアロマメソッドに出会ったのは約4年前。

過労やストレスで心身を壊し、20年以上続けた仕事も辞め、社会的な地位も収入も失ったところでした。自責の念と虚無感にさいなまれ、これからどう生きたらよいのか、迷いと不安ばかりでした。

また、仕事をしていた頃、苦しみを感じなくて済むようずっと感覚を閉ざしていたため、喜びすら感じられなくなっていました。

以前の自分を取り戻し、生きる喜びを感じたい、そんな切なる願いで齊藤さんのアロマビジョンに辿り着いたのです。

私にはアロマセラピストとしての経験もありましたが、最初に齊藤さんの精油を香った時、経験したことのない心地よさに衝撃を受けました。以来、セルフケアを実践しています。

アロマを通して私が大きく変わったと感じているのは次の三つです。

1．心身の状態が整い、五感、自分自身とのつながりが回復

感性が戻ってきて、自分を生きている感覚が蘇り、不安や恐れが減りました。本来の自分がどんな状態かを思い出すことで、自分とつながれば恐れがなくなる、揺らがない、ということを体感で知り、安心感が増えました。

2．家族関係が劇的に改善

何を考えているのかよくわからない父が苦手でした。また、何かにつけてコントロールしたがる母にも嫌悪感を抱いていました。

幼少期、妹が病気で、両親は妹にかかりきりでした。そんな事情もあり、家族との関係は希薄で、孤独感や恨み、憎しみを感じていました。

その両親が高齢になったいま、私は介護にかかわらざるを得なくなりました。アロマでセルフケアをしながら介護をしていると、家族に抱いていたさまざまな感情に気づき、

それを受け止められるようになりました。

それからは、自分の思いも伝えられるようになり、家族に愛情をもって接することができるようになりました。

面倒くさいと思っていた親族との関係もとてもよくなり、従弟たちとも支え合っています。本当に、以前の自分からすると信じられない変化です。

3.苦行の人生から喜びの人生への転換

五感が回復し、日々さまざまなことが感じられるようになると、ちょっとしたことで感謝の気持ちが湧いて、人生に感動と喜びが増えました。

「人生は苦行」と思い込んでいた自分の思考癖にも気づき、いつでも多数の選択肢があるのだと視点を切り替えられるようになりました。

他者の思惑や出来事に反応して生きるのではなく、人生は自らがつくり出せるものだと実感できるようになりました。

齊藤さんのアロマメソッドを始めて4年、人とのご縁も変わり、夢や希望をもってともに歩める友人が増えました。これまで興味がなかったことにも関心をもてるようになり、新しい自分を発見できています。

また、直感や感覚が研ぎ澄まされてきて、トリートメントを通じてメッセージを受け取るなど、自分でも気づかなかった能力が出てきました。

今振り返ると、幼い頃からずっと長い間、自分は自分を生きていなかったのだと気づき、本当に驚いています。五感を閉じたまま、不安を生きていた数年前までの私の世界はモノトーンでした。

でも今は、たくさんの色彩があり、自分自身も日々変化しています。それを心から楽しめるようになったのです。

自分自身の深い部分が癒されたら家族のみんなと穏やかに接せられるようになった

（千葉県　O.Kさん）

私には娘がいるのですが、以前は娘との関係がうまくいっていませんでした。

「なぜこんなことをいうのか？」

「なぜこんな行動をとるのか？」

私の思い通りに行動しない娘にとてもイラついていたのです。そして、うまくいっていないからさらに娘を遠ざけるという悪循環に陥っていました。

そんな時、齊藤さんと出会い、彼女のメソッドを実践するようになりました。それ以来、現実的に娘との接点が徐々に増え始めました。すると、娘を理解して受け止められるようになったのです。今度は娘が積極的に私にかかわってくれるようになり、ほのぼのとした親子関係を築けるようになってきました。今、とても嬉しいです。

夫との関係性にも変化が生まれました。私は夫を信頼し尊敬していたにもかかわらず、彼のなんでもない言葉に責められた気がして、ムキになって張り合ったり、そうかと思えば罪悪感を感じたりしていました。

それが、アロマでセルフケアをするようになってから、夫の発言をフラットに受け止められるようになりました。彼の言葉にいちいち反応することなく、普通に会話できる自分になったのを感じます。

娘のことが妙に虫が好かなかったり、夫の意見に過剰に反応したり、逆に息子をとても可愛がってしまったりという家族へのアンバランスな接し方は、それぞれ別の問題だととらえていました。しかし最近では、その根本に自分の潜在意識がかかわっていたのだとなんとなく感じています。

今は、みんなに平等に、心穏やかに接することができるようになりました。家族を通して感じられる自分は、以前と別人格にすら感じます。日常の大切さ、人とのかかわりのありがたさをしみじみと感じています。

自分のマイナス面もありのままに受け入れ新しいことに挑戦する喜びを感じられるように

(神奈川県　M.M さん)

アロマビジョンと出会い、私がもっとも変化したのは、給食補助職員からアロマビジョンのセラピストへと転身したこと。ただただワクワクする未知の世界に飛び込んだのです。

以前の自分は、自分のできる範囲でしか行動していませんでした。けれどもアロマを生活に取り入れるようになると、新しいことに挑戦する大切さや、生きているという実感、植物の愛を受け取れるようになってきました。自分のマイナスの側面もありのままに受け入れられるようになり、そのおかげで自分が好きになりました。

アロマビジョンのアロマを香ると優しい愛に包まれている感じがします。そして、自分がブレている時に香ると、本来の自分に戻してくれます。

ダメな自分だから好きになれないと思っていた。でも「等身大の自分」が自分のいちばんの理解者だった

（東京都　エ.Nさん）

以前は、自分が本当は何がしたいのかよくわかりませんでした。判断基準は常に外側の情報。それでうまくいっていると思っていました。

それが齊藤さんのアロマと出会い、セルフケアを続けていくと、自分の内側から、自分の本音の声が聞こえてくるようになったのです。そこで初めて「これまでは、自分を生きるというより、世の中に合わせて生きていたのでは」と思うようになりました。

それまでも、「誰かにどう思われるかを気にしなくても別にいいじゃない」と頭ではわかっていたけれど、実際はかなり周りの目を気にして生きていたことにも気づきました。

アロマを始めて自分の内側と会話ができるようになると、初めて自分を信頼できる感覚をもちました。等身大の自分がいちばんいい、そんな自分が大好きだと思えるように

なったのです。

かつての私は、「自分が大好き」なんて思ったことはありませんでした。好き嫌いのある自分、情けない自分、努力が続かない自分、腹黒さもある自分、そんなダメな自分だから好きになれないと思っていたのです。

でも、そうではなかった。ダメな自分も好きと思えたことにとても驚きます。そして、私をいちばん応援してくれるのは自分だ、という確信をもっています。

そして、私が本当に望んでいたことは、「自分自身とつながる」ことだったのだと気づいたのです。

思い込みに縛られ、必要性だけで物事を見ていた私が、今は興味の赴くまま、楽しいことで予定が埋まるように

（島根県　M.M さん）

以前は、なりたい自分と現実の自分とのギャップを受け入れられず、自分を否定し、責めることが少なくありませんでした。

自分の偏った視点から物事を見ていたため、思い通りにならないとイライラ。自分の立てた仮説が正しいと信じ、基本的に人の意見は聞きませんでした。聞いたとしても、特定の人の意見のみ。自分の計画以外のことはしたくないし、必要ないとさえ思っていました。

それが、齊藤さんのアロマのセルフケアを始めて以来、性格が変わりました。

まず、人の話を聞けるようになりました。

正確にいうと、人の話を正しい、間違っていると判断しなくなりました。「あなたは

そんなふうに感じたんだね」と、ありのままに受け止められるようになったのです。そこに私の感情は起こらないので、いつも心は穏やかです。


そして、予定外のことでも受け入れられるようになりました。

たとえば、予定の電車に乗れなくても、気分がブルーにならなくなりました。

また、行き先を決めずに出かけられるようになりました。

以前は、必ず行き先、行くお店を決め、それ以外は基本的に立ち寄ることはありませんでした。必要性があるかないかでしか物事を考えられなかったからです。

でも今は、興味のあるお店にふらっと立ち寄ることもできるようになりました。


それから、行動に移すスピードが速くなりました。思ったことは、とりあえずやってみるのです。いつも、自分にこんな一面があったのかと驚かされます。

たとえば、
・気になったお店があったら行ってみる
・可愛いと思った洋服は買ってみる

・興味があったキックボクシングの体験に行ってみる、楽しかったから入会
・自分の興味があることについて友達に話をしてみる

以前は行動に移すまでにとても時間がかかっていましたが、自分の気持ちのまま行動に移せるようになったのです。

そのおかげで、以前とは違って、楽しいことだけで予定が埋まっていくようになりました。毎日が楽しいのです。心はまったく疲れず、疲労回復も自然と早くなりました。アロマに出会う前までは、土日は基本的に用がなければ家に引きこもっていましたから。

これは本当にすごいことです。

こうしてアロマによって、自分の思い込みが取れ、心のままに選択し、嬉しい物事を引き寄せられるように、自然に変わることができました。

本当に植物の香りに感謝しています。

おわりに

最後までお読みいただきありがとうございます。本書のタイトル通り、植物の香りが潜在意識をクリアにすることがおわかりいただけたことと思います。それだけでなく、潜在意識の浄化は人生をも改善していくことが伝わったのではないでしょうか。

『香りの力で潜在意識を浄化する』、そういいきれるほど、私はたくさんの方々が植物の香りによって人生を変えられていったさまを、実際に見てきました。


さて、「齊藤帆乃花」は私のビジネスネームであり、前著『神さまと縁むすび！』でもこちらの名義で出させていただきました。

本名は「齊藤帆乃香」と表わします。

三重県でアロマセラピストとして活動していた頃は本名でしたので、「香」という字と、「ほのか」という音の響きがあいまって、「アロマにぴったりの名前だね！」と、どれほどいってもらえたかわかりません。

私は生まれた時から、というより生まれる前から香りに縁があったんだと密かに思ってきましたが、そのような「名は体を表す」名前をつけてくれた両親にあらためて心から感謝しています。

そして、香りであればなんでもよかったわけではなく、植物の香りであることが重要でした。植物のスピリットが存在する本物の精油に、そして、その精油に出会わせてくれたシャーマンに、心より感謝しています。

あなたもこの本に出会ったからには、本質を感じとり、本物を見極める感性を磨いていっていただければと願っています。

ちょうど本書の執筆中に世界中でパンデミックが起こりました。

もはや感性を磨くこと、つまり嗅覚を磨くことは、どう生きるべきか、何を選択すべきか、という幸せの実現にとどまらず、己の命に関わってくる。そんな時代になったと痛感しています。

情報に惑わされて不安になるのではなく、自立して生きるための本能的な力を、嗅覚から目覚めさせていきましょう。

最後に、前著よりご縁をつなげてくださった村山久美子さんと、出版に多大なるご協力をいただいた水原敦子さんに心から御礼申し上げます。

そして、この本に携わってくださったフォレスト出版の関係者のみなさま、ご尽力を賜り、誠にありがとうございました。

二〇二〇年九月吉日

齊藤帆乃花

齊藤帆乃花（さいとう・ほのか）

「AROMA VISION（アロマビジョン）」オーナーセラピスト。1972年1月11日生まれ。20代前半、全日空の地上勤務時代に、突然重度のアトピー性皮膚炎を発症。それをきっかけにアロマと出会う。その後、メディカルアロマセラピスト、アロマカウンセラー、リフレクソロジスト、整体師などの学びを深める。三重県のリフレクソロジーサロンに勤務、店長を経て独立開業。27歳の時に出会った精油に衝撃を受け、セルフケアを開始。また、臨死体験を機にサイキック能力が開花し、心身のみならず人生が大きく変わる。その後、三重県のサロンをクローズし、東京へ。2013年、再びサロンを開業、南米のシャーマンから学んだ手法を元に、オリジナルの手技を確立する。また、精油の香りからクライアントの使命を読む、日本で唯一の「サイキック・アロマリーディング」を構築。的確かつ心に響くそのセッションがクチコミで国内外に広がり、著名人からの依頼も多い。セミナーやリトリートツアーなども常に満員御礼に。現在はセラピストの育成も手掛ける。独自のセルフケア・メソッドを実践する「AROMA VISION講座」を全国各地で展開。またオリジナルのアロマブレンドオイル「はらい」「きよめ」「まもり」「さきわい」も発売中。オンラインサロンも随時開催。著書に『神さまと縁むすび!』（ナチュラルスピリット）がある。

https://aroma-vision.com/

アロマビジョン
ホームページ

参考資料
『アロマテラピーのための84の精油』ワンダ・セラー著　フレグランスジャーナル社
『天の香り　アロマテラピー』スゼンネ・フィッシャー・リチィ著　あむすく

カバーデザイン／小口翔平+加瀬梓（tobufune）
本文デザイン／二神さやか
執筆協力／村山久美子
イラスト／佐藤末摘
校正／永田和恵
DTP／株式会社キャップス
プロデューサー／水原敦子

香りの力で潜在意識を浄化する

2020年10月11日　初版発行
2021年1月24日　3版発行
著者　齊藤帆乃花
発行者　太田宏
発行所　フォレスト出版株式会社
〒162-0824 東京都新宿区揚場町2-18 白宝ビル5F
電話　03-5229-5750（営業）
03-5229-5757（編集）
URL https://www.forestpub.co.jp/

印刷・製本　日経印刷株式会社

ISBN 978-4-86680-097-4 Printed in Japan

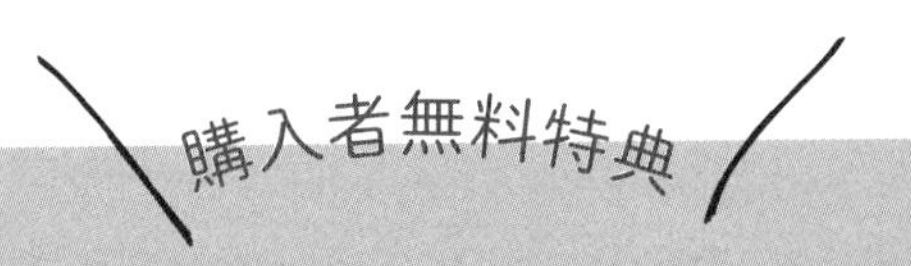

香りの力で潜在意識を浄化する

本書をお読みくださったみなさまに、スペシャル動画をプレゼントいたします。

人間の可能性に制限はない！
～植物で磨かれる潜在能力～

シャーマンの智恵

スペシャル講座

『香りの力で潜在意識を浄化する』を読了いただきありがとうございます。すでに香りの奥深さに興味を持っていただけたのではないでしょうか。

もっと知りたい、感じたいという方に、著者・齊藤帆乃花が、師であるシャーマンから教わった智恵をお伝えいたします。

人間、そしてこの世界を、シャーマンという別次元の視点でとらえることで、これまで「潜在意識はわかりづらい」と思っていた方も、より身近に感じていただけることでしょう。

＊無料特典は、Web上で公開するものであり、CD・DVDなどをお送りするものではありません。
＊上記特別プレゼントのご提供は、予告なく終了となる場合がございます。あらかじめご了承ください。

読者プレゼントを入手するには
こちらにアクセスしてください。

http://frstp.jp/kaori